DOZE MULHERES EXTRAORDINARIAMENTE COMUNS

John MacArthur

Doze mulheres extraordinariamente comuns

Como Deus usou *as* mulheres *da* Bíblia *e* como ele pode usar você

Thomas Nelson
Brasil

Rio de Janeiro, 2022

Título original: *Twelve Extraordinary Women: how God shaped women of the Bible and what he wants to do with you*

Gerente editorial	*Samuel Coto*
Editor	*André Lodos Tangerino*
Produção editorial	*Bruna Gomes*
Copidesque	*Patrícia Garcia*
Revisão	*Marcelo Figueiredo*
	Denis Benjamin da Silveira
Capa	*Jonatas Belan*
Diagramação	*Julio Fado*

CIP-BRASIL. CATALOGAÇÃO NA PUBLICAÇÃO
SINDICATO NACIONAL DOS EDITORES DE LIVROS, RJ

M113d

MacArthur, John
Doze mulheres extraordinariamente comuns : como Deus moldou as mulheres da Bíblia, e o que ele quer fazer com você / John MacArthur ; [tradução Maurício Bezerra Santos Silva]. - 1. ed. - Rio de Janeiro : Thomas Nelson Brasil, 2019.
224 p.

Tradução de: Twelve extraordinary women: how the master shaped women of the bible and what he wants to do with you
ISBN 9788578609320

1. Bíblia - Biografia. 2. Mulheres na Bíblia. 3. Cristãs - Vida religiosa. I. Silva, Maurício Bezerra Santos. II. Título.

18-54417 CDD: 220.92
CDU: 27-23-055.2

Thomas Nelson Brasil é uma marca licenciada à Vida Melhor Editora LTDA.

Rua da Quitanda, 86, sala 218 — Centro
Rio de Janeiro, RJ — CEP 20091-005
Tel.: (21) 3175-1030
www.thomasnelson.com.br

Dedicatória

Para todas as menininhas da minha vida, às minhas netas, que estão a caminho de serem mulheres extraordinárias pela graça de Deus.

Kathryn
Olivia
Kylee
Jessica
Susannah
Gracie
Brooke
Elizabeth
Audrey

Sumário

Agradecimentos 9
Prefácio 11
Introdução 15

1. Eva: mãe de toda a humanidade 23
2. Sara: esperando contra a esperança 49
3. Raabe: a redenção de uma vida horrível 73
4. Rute, lealdade e amor 89
5. Ana: um retrato da graça feminina 105
6. Maria: bendita entre as mulheres 123
7. Ana, a profetisa: testemunha fiel 143
8. A mulher samaritana: encontrando a água da vida 155
9. Marta e Maria: trabalho e adoração 167
10. Maria Madalena: liberta das trevas 183
11. Lídia: a abertura de um coração hospitaleiro 197

Epílogo 209
Guia de estudo 213

Agradecimentos

Tenho uma dívida de gratidão com Phil Johnson, que, por mais uma vez, como em muitas outras, aplicou suas habilidades editoriais ao meu material.

Para este livro, em especial, ele fez mais do que isso, acrescentando suas ricas ideias aos capítulos em que meu pequeno material era inadequado.

Quero dirigir um agradecimento muito especial à minha extraordinária Patricia, que tem apoiado fielmente este homem comum por quarenta e dois anos de casamento.

Prefácio

Eu não tinha a mínima previsão de que o meu livro sobre os apóstolos (*Doze homens extraordinariamente comuns*) seria tão bem acolhido pelos leitores como, de fato, foi. Parece que as pessoas apreciaram e gostaram do formato de estudo de personagens, mesmo saindo um pouco do meu estilo expositivo normal. O método e a estrutura do livro também pareceram bem adequados aos estudos de pequenos grupos, e isso deve ter ajudado a despertar um interesse ainda maior. Quem sabe tenha sido ainda mais importante o caráter intensamente prático e pessoalmente relevante desses estudos de personagens. Acho que ajudam a ver os apóstolos como eles realmente eram: homens *comuns*. Afinal, foi esse o propósito do livro. Todos conseguem se identificar com esses homens. A maioria de nós consegue enxergar aspectos do nosso próprio caráter na personalidade deles, nas falhas, nas dificuldades, nos erros frequentes, e em sua busca para serem tudo o que Cristo queria que eles fossem. Perceber o modo como Deus usou essas pessoas nos traz uma grande esperança.

Depois de *Doze homens extraordinariamente comuns* manter-se por mais de 1 ano na lista dos livros mais vendidos, meus amigos na Thomas Nelson sugeriram uma continuação: por que não abordar em um formato semelhante a vida de doze das principais mulheres da Bíblia? Foi assim que o livro que você tem em mãos tornou-se realidade.

Obviamente, não houve decisão alguma sobre quem faria parte do primeiro livro. Foi Jesus quem escolheu os doze discípulos: tudo o que fiz foi pesquisar sobre a vida deles e escrever sobre eles. Este livro novo, no entanto, trouxe algo diferente. Diante de uma infinidade de mulheres extraordinárias na Bíblia, elaborei uma grande lista de possibilidades. A tarefa de limitá-las a doze não foi nada fácil. Levei em conta a importância que possuem nas Escrituras e escolhi doze mulheres que desempenharam um papel vital na história da redenção.

Espero que você concorde que a minha lista restrita possui uma boa variedade de tipos de personalidade e um leque bem amplo de mulheres verdadeiramente extraordinárias. A minha esperança é que, assim como no primeiro livro, os leitores percebam características pessoais nesses estudos e sejam incentivados pela lembrança de que as nossas dificuldades e as nossas tentações pessoais são do mesmo tipo daquelas que todas as pessoas de fé enfrentam em todas as épocas. Desse modo, somos relembrados de que, mesmo em meio aos nossos problemas, Deus permanece eternamente fiel (1Coríntios 10:13). O Deus de Abraão, Isaque e Jacó é o Deus de Sara, Rebeca e Raquel também. Ele também é o Deus de todos que, em *nossa* geração, creem em Deus — sejam homens ou mulheres. Nós, como todas elas, temos nossas falhas, mas somos o seu povo e rebanho do seu pastoreio (Salmos 100:3), e a sua fidelidade *ainda* chega até as nuvens (Salmos 36:5).

Algumas pessoas já me perguntaram sobre a importância desse contraste no título. Se essas pessoas eram "comuns", como também poderiam ser extraordinárias?

Com certeza, a resposta reside no fato de que, ainda que os discípulos tenham sido comuns em certo sentido, eles também eram *extraordinários* em outro. No que diz respeito aos talentos natos e ao histórico humano, eles foram realmente comuns de propósito.

> Mas Deus escolheu as coisas loucas do mundo para envergonhar os sábios, e escolheu as coisas fracas do mundo para envergonhar as fortes. Ele escolheu as coisas insignificantes do mundo, as desprezadas e as que nada são, para reduzir a nada as que são, para que ninguém se vanglorie diante dele. (1Coríntios 1:27-29)

Só a obra de Cristo na vida dos discípulos é que lhes dava uma influência e um poder tão marcantes, de modo que se tornaram pessoas bem incomuns — e o que eles conquistaram (Atos 17:6) foi algo verdadeiramente extraordinário.

Isso é igualmente verdadeiro com relação às mulheres que fazem parte deste livro. A maioria delas nada tinha de especial por dentro ou por fora. Elas eram comuns, normais, e, em alguns casos, mulheres de classe declaradamente baixa — no mesmo sentido que os discípulos eram homens comuns. Veja a mulher samaritana de João 4, por exemplo. Nem sabemos o nome dela. Ana também era uma viúva desconhecida e idosa, que só aparece em uma breve introdução nos primeiros capítulos de Lucas (2:36-38). Raabe era uma prostituta comum. Até Maria, a mãe de Jesus, era uma moça que não tinha nada de especial, que morava em uma cidade desconhecida, em uma região inóspita e desprezada da Galileia. Em todos os casos, o que as fez extraordinárias foi um encontro inesquecível com o Deus do universo que transformou suas vidas.

A única exceção real é Eva, que começou a vida como uma pessoa extraordinária em todos os sentidos. Ela foi criada por Deus para ser o ideal puro e cristalino da feminilidade, mas logo estragou tudo cometendo pecado. Mesmo assim, ela ainda se tornou o retrato vivo do fato de que Deus pode restaurar e redimir aqueles que caem — e fazer deles troféus extraordinários da sua graça, apesar dos seus fracassos. Na verdade, tenho certeza de que, pela graça redentora de Deus, Eva será por toda a eternidade bem *mais* gloriosa do que ela foi em sua inocência terrena original.

Em outras palavras, nenhuma dessas mulheres se tornou finalmente extraordinária por alguma qualidade natural própria, mas sim porque o Deus único e verdadeiro que elas adoraram é grande, poderoso, glorioso e incrível. *Ele* as refinou como a prata, as redimiu pela obra de um Salvador extraordinário — o seu Filho único divino — e as moldou conforme a sua imagem (Romanos 8:29). Em outras palavras, a obra graciosa de Deus na vida delas fez com que cada uma se tornasse verdadeiramente extraordinária.

Por esse motivo, elas permanecem como um lembrete da nossa queda e do nosso potencial. Em uma só voz, todas elas nos apontam para Cristo. Em todos os casos, ele foi aquele a quem elas recorreram para receber salvação. Veremos, por exemplo, como Eva, Sara, Raabe e Rute faziam parte da linhagem que traria o Prometido que esmagaria a cabeça da serpente. Do mesmo modo, as palavras de Ana sobre o Salvador (1Samuel 2:1-10) são ecoadas no *Magnificat* de Maria. Esse, por exemplo, foi o transbordar do louvor de Maria quando ela tinha acabado de descobrir que finalmente daria à luz ao Salvador. Ana, que tinha esperado por seu Salvador por toda a vida, foi abençoada na sua velhice com o privilégio de ser uma das primeiras a reconhecê-lo na sua infância (Lucas 2:36-38). Todas as outras mulheres que fazem parte deste livro estão entre suas primeiras discípulas. Cada uma delas nos dá testemunho de Cristo.

Minha oração por você é que compartilhe da mesma fé, imite a fidelidade delas e aprenda a amar o Salvador, cuja obra na vida delas fez com que elas passassem a ser verdadeiramente extraordinárias. Sua vida também pode ser extraordinária, pela sua maravilhosa graça.

Introdução

Uma das características especiais da Bíblia é o modo pelo qual ela exalta a mulher. Em vez de rebaixá-la ou menosprezá-la, as Escrituras geralmente parecem não medir esforços para homenageá-la, engrandecer o seu papel na sociedade e na família, reconhecer sua inflência e exaltar as virtudes das mulheres que se constituíam em exemplos singulares de dedicação a Deus.

Desde o primeiro capítulo da Bíblia, somos ensinados que a mulher, assim como o homem, é portadora do selo da própria imagem de Deus (Gênesis 1:27; 5:1-2). A mulher desempenha papéis importantes em muitas das principais narrativas bíblicas. Ela é vista como parceira brilhante e companheira querida pelo seu marido, não simplesmente como escrava ou um móvel da casa (Gênesis 2:20-24; Provérbios 19:14; Eclesiastes 9:9). No Sinai, Deus ordenou que os filhos honrassem tanto o pai quanto a mãe (Êxodo 20:12). Esse foi um conceito revolucionário de uma época em que a maioria das culturas pagãs eram dominadas por homens que governavam seus lares com punho de ferro, enquanto suas mulheres eram geralmente consideradas como criaturas inferiores — somente como servas dos homens.

A Bíblia certamente reconhece as diferenças entre o papel do homem e o da mulher — muitos dos quais se destacam perfeitamente nas circunstâncias da própria criação. Por exemplo, a mulher tem o papel exclusivo da gestação e do cuidado das crianças pequenas. A própria mulher também tem uma necessidade própria de apoio e proteção, porque fisicamente ela é o "vaso mais fraco" (1Pedro 3:7, ARC). As Escrituras estabelecem a ordem adequada na família e na igreja de acordo com essa norma, atribuindo os deveres da liderança e da proteção da casa ao marido (Efésios 5:23) e nomeando os homens na igreja para os papéis de ensino e liderança (1Timóteo 2:11-15).

Mesmo assim, de modo algum a mulher é marginalizada ou relegada a uma segunda classe (Gálatas 3:28). Pelo contrário, as Escrituras destacam a mulher com uma honra especial (1Pedro 3:7). O marido recebe o mandamento de amar sua mulher de forma sacrificial, como Cristo ama a igreja — mesmo, se for necessário, às custas de sua própria vida (Efésios 5:25-31). A Bíblia reconhece e celebra o valor inestimável da mulher virtuosa (Provérbios 12:4; 31:10; 1Coríntios 11:7). Em outras palavras, de capa a capa, a Bíblia retrata a mulher como *extraordinária*.

Os relatos bíblicos dos patriarcas sempre dão o destaque devido às suas mulheres. Sara, Rebeca e Raquel têm grande importância no relato de Gênesis sobre o tratamento dado por Deus aos seus maridos. Miriã, irmã de Moisés e de Arão, era tanto profetisa quanto compositora — e em Miqueias 6:4, o próprio Deus a honra, ao lado de seus irmãos, como uma das líderes da nação durante o Êxodo. Débora, também uma profetisa, era juíza em Israel antes da monarquia (Juízes 4:4). Os relatos bíblicos da vida familiar, geralmente, colocam a mulher na posição de conselheira sábia de seu marido (Juízes 13:23; 2Reis 4:8-10). Quando Salomão se tornou rei, ele homenageou sua mãe publicamente, levantando-se quando ela entrou em sua presença e, depois, curvando-se a ela antes de se sentar no seu trono (1Reis 2:19). Sara e Raabe são citadas claramente entre os heróis da fé, em Hebreus 11. A mãe de Moisés, Joquebede, também faz parte da lista de modo implícito (v. 23). Em Provérbios, a sabedoria é personificada como uma mulher. A igreja do Novo Testamento é igualmente representada por uma mulher, a noiva de Cristo.

Na vida social e religiosa de Israel e da igreja do Novo Testamento, a mulher nunca foi colocada em segundo plano. Ela participava com o homem em todas as festas e adorações coletivas de Israel (Deuteronômio 16:14; Neemias 8:2-3). Não se exigia que a mulher usasse véu ou ficasse quieta na praça pública, como acontece em algumas culturas do Oriente Médio até hoje (Gênesis 12:14; 24:16; 1Samuel 1:12). A mãe — não somente o pai — tinha a responsabilidade de ensino e autoridade sobre os filhos (Provérbios 1:8; 6:20). A mulher até podia ser proprietária de terra em Israel (Números 27:8; Provérbios 31:16). Na verdade, esperava-se que a esposa administrasse muitos dos afazeres da sua própria casa (Provérbios 14:1; 1Timóteo 5:9-10,14).

Tudo isso contrasta bastante com o modo como as outras culturas antigas rotineiramente desvalorizavam e rebaixavam a mulher. A mulher nas sociedades pagãs, durante os tempos bíblicos, geralmente era tratada com um pouco mais de dignidade que os animais. Alguns dos filósofos gregos mais conhecidos — considerados as mentes mais brilhantes da sua época — ensinavam que a mulher era uma criatura inferior por natureza. Até no Império Romano, possivelmente o auge da civilização pré-cristã, a mulher geralmente era considerada um simples bem — propriedade pessoal de seu marido ou pai, raramente tendo uma situação melhor do que a dos escravos da casa. Isso, mais uma vez, era totalmente diferente dos conceitos hebreus — e bíblicos — do casamento como uma herança conjunta, e da paternidade como uma parceria em que *tanto* a mãe *quanto* o pai devem ser respeitados e obedecidos pelos filhos (Levítico 19:3).

A religião pagã tinha a tendência de fomentar e incentivar ainda mais a desvalorização da mulher. A mitologia grega e a romana tinham suas deusas, como Diana e Afrodite, mas não pense em nenhum momento que o culto a elas elevou o *status* da mulher de algum modo. Na verdade, acontecia o contrário. A maioria dos templos dedicados às deusas eram servidos por prostitutas sagradas — sacerdotisas que se vendiam por dinheiro, supondo que estavam celebrando um sacramento religioso. Tanto a mitologia quanto a prática da religião pagã geralmente foram declaradamente humilhantes para a mulher. As divindades pagãs masculinas eram caprichosas e, às vezes, arbitrariamente odiavam as mulheres. As cerimônias religiosas com frequência eram descaradamente obscenas — incluindo coisas como ritos eróticos de fertilidade, orgias regadas a bebidas alcoólicas no templo, práticas homossexuais pervertidas, e, nos piores casos, até sacrifícios humanos.

O cristianismo, que nasceu em um mundo onde a cultura romana e hebraica viviam juntas, elevou a posição da mulher a uma altura sem precedentes. Várias mulheres eram discípulas de Cristo (Lucas 8:1-3), uma prática da qual não se tem quase nenhuma notícia entre os rabinos da sua época. Além disso, Jesus incentivou o discipulado delas, retratando-o como algo mais necessário que o serviço doméstico (Lucas 10:38-42). Na verdade, a primeira revelação clara de Cristo, de sua própria identidade como o Messias verdadeiro, foi feita à mulher samaritana (João 4:25-26). Ele sempre tratou as mulheres com a maior dignidade — até mesmo as mulheres que poderiam ser tratadas diferentemente, como marginais (Mateus 9:20-22; Lucas 7:37-50; João 4:7-27). Ele abençoou os filhos delas (Lucas 18:15-16), ressuscitou os mortos de suas famílias (Lucas 7:12-15), perdoou seus pecados (Lucas 7:44-48) e restaurou a honra e a virtude delas (João 8:4-11). Dessa maneira, ele exaltou a posição da própria feminilidade.

Portanto, não é surpresa que a mulher tenha recebido destaque no ministério da igreja primitiva (Atos 12:12-15; 1Coríntios 11:11-15). No dia de Pentecostes, quando a igreja do Novo Testamento nasceu, as mulheres estavam presentes com os principais discípulos, orando (Atos 1:12-14). Algumas eram conhecidas por suas boas obras (Atos 9:36), outras pela sua hospitalidade (Atos 12:12; 16:14-15); outras, ainda, pelo seu entendimento da sã doutrina e pelos seus dons espirituais (Atos 18:26; 21:8-9). A segunda epístola de João foi endereçada a uma mulher ilustre, em uma das igrejas sob sua supervisão. Até o apóstolo Paulo, que às vezes é retratado falsamente pelos críticos da Bíblia como machista, ministrava regularmente ao lado de mulheres (Filipenses 4:3). Ele reconheceu e aplaudiu a fidelidade e o talento delas (Romanos 16:1-6; 2Timóteo 1:5).

Naturalmente, como o cristianismo começou a influenciar a sociedade ocidental, a posição da mulher se desenvolveu de forma considerável. Um dos pais da igreja primitiva, Tertuliano, escreveu uma obra intitulada *O vestido das mulheres*, perto do final do século II. Ele disse que as mulheres pagãs que usavam enfeites elaborados no cabelo, roupas que chamavam a atenção e ornamentos corporais tinham, na verdade, sido forçadas pela sociedade e pela moda a abandonar o nobre resplendor da verdadeira feminilidade. Ele observou que, em contrapartida, à medida que a igreja foi crescendo e o evangelho foi dando fruto, um dos resultados visíveis foi uma tendência à modéstia na vestimenta das mulheres e uma correspondente elevação na posição da mulher. Ele reconheceu que os homens pagãos geralmente reclamavam: "Desde que ela se tornou cristã, anda com trajes mais pobres"! A mulher cristã até ficou conhecida como "sacerdotisa da modéstia".[2] Mas, segundo Tertuliano, como cristãs que viviam sob o senhorio de Cristo, as mulheres eram mais ricas espiritualmente, mais puras e, portanto, mais gloriosas que as mulheres mais extravagantes da sociedade pagã. Vestidas com "a seda da integridade, o linho fino da santidade, a púrpura da modéstia",[3] elas elevaram a virtude feminina a uma altura sem precedentes.

Até os pagãos reconheceram isso. Crisóstomo, talvez o pregador mais eloquente do século IV, lembrava que um dos seus mestres, um filósofo pagão chamado Libânio, disse uma vez: "Ó céus! Que mulheres vocês têm, cristãos!".[4] O que levou Libânio ao delírio foi ouvir como a mãe de Crisóstomo tinha permanecido casta por mais de duas décadas, desde que ficou viúva, aos vinte anos de idade. Quanto mais a influência do cristianismo se fazia sentir, a mulher foi cada vez menos difamada ou maltratada como objeto para a diversão do homem. Em vez disso, a mulher começou a ser honrada por sua virtude e fé.

Na verdade, as mulheres cristãs, que se convertiam da sociedade pagã, eram libertadas automaticamente de um conjunto de práticas humilhantes. Emancipadas da depravação pública dos templos e dos teatros, onde eram desonradas e desvalorizadas de forma sistemática, as mulheres ascenderam à proeminência no lar e na igreja, onde eram honradas e admiradas pelas virtudes femininas, como a hospitalidade, o ministério aos enfermos, o cuidado e a criação de suas próprias famílias, bem como o trabalho amável de suas mãos (Atos 9:39).

Depois que o imperador romano Constantino se converteu, em 312 d.C., o cristianismo foi legalizado em Roma e logo se tornou a religião dominante por todo o Império. Um dos primeiros resultados dessa mudança que se pôde constatar foi uma posição jurídica totalmente nova para as mulheres. Roma aprovou leis reconhecendo os direitos de propriedade da mulher. A legislação que regulamentava o casamento foi revista, de modo que o casamento foi visto no direito como uma parceria, em vez de ser praticamente um estado de servidão para a mulher. As novas leis dificultaram o divórcio, já que deram à mulher direitos contra o marido culpado de infidelidade. O marido mulherengo, que anteriormente era reconhecido pela sociedade romana, não podia mais pecar contra sua mulher sem que fosse punido.

A tendência sempre foi essa. Em todos os lugares que o evangelho se propagou, via de regra, a posição social, legal e espiritual da mulher foi elevada. Nos momentos em que o evangelho foi reprimido — seja pela repressão, pelas religiões falsas, pelo secularismo, pela filosofia humanista ou pela decadência espiritual dentro da igreja —, a posição da mulher foi rebaixada na mesma proporção.

Mesmo quando os movimentos seculares se levantaram, afirmando estar preocupados com os direitos da mulher, seus esforços geralmente têm sido prejudiciais para a sua posição. O movimento feminista da nossa geração, por exemplo, ilustra isso claramente. O feminismo radical desvalorizou e difamou a *feminilidade*. As distinções naturais de gênero, geralmente, são subestimadas, rejeitadas, desprezadas ou negadas. Por isso, a mulher agora está sendo enviada à situações de combate, sujeita a um trabalho exaustivo, anteriormente reservado aos homens, exposta a todo tipo de indignidade no local de trabalho, além de ser incentivada a agir e falar como o homem. Enquanto isso, as feministas modernas lançam seu desprezo sobre a mulher que quer ter a família e o lar como sua prioridade máxima — denegrindo o papel da maternidade, vocação única e exclusivamente feminina. A mensagem total do igualitarismo feminista é que não existe nada de realmente extraordinário com relação à mulher.

Certamente, essa não é a mensagem das Escrituras. Como vimos, a Bíblia honra a mulher como ela é, e a incentiva a buscar honra de uma maneira exclusivamente feminina (Provérbios 31:10-30).

As Escrituras nunca descartam o intelecto feminino, não minimizam os talentos e habilidades da mulher, e nem desencorajam o uso correto de seus dons espirituais. Pelo contrário, toda vez que a Bíblia fala expressamente sobre as marcas de uma mulher excelente, o destaque sempre está na *virtude* feminina. As mulheres mais importantes da Bíblia não eram influentes por causa da sua carreira, mas por causa do seu *caráter*. A mensagem que essas mulheres passam coletivamente não é sobre a igualdade de gênero, mas sim sobre a verdadeira excelência feminina, e ela sempre é exemplificada pelas qualidades morais e espirituais, em vez da posição social, da riqueza ou da aparência física.

De acordo com o apóstolo Pedro, por exemplo, a verdadeira beleza feminina não consiste nos enfeites externos, "cabelos trançados e joias de ouro ou roupas finas". Em vez disso, a beleza real se vê "no ser interior, que não perece, beleza demonstrada num espírito dócil e tranquilo, o que é de grande valor para Deus" (1Pedro 3:3-4). Da mesma forma, Paulo disse que a devoção e as boas obras são a essência real da beleza feminina; não os acessórios artificiais colocados no exterior (1Timóteo 2:9-10). Esse princípio é exemplificado de um modo ou de outro por todas as mulheres que fazem parte deste livro.

O legado verdadeiro e duradouro dessas mulheres é a *fidelidade*. Espero que, enquanto você as conhece nas Escrituras e passa a saber mais sobre sua vida e seu caráter, elas desafiem, motivem, incentivem e inspirem você a confiar e servir com amor ao Deus que as valorizou. Que o seu coração seja inflamado com essa mesma fé, que a sua vida se caracterize com uma fidelidade semelhante a essa, e que a sua alma seja impactada com o amor pelo Deus extraordinário que elas adoraram.

1
Eva
Mãe de toda a humanidade

Adão deu à sua mulher o nome de Eva, pois ela seria mãe de toda a humanidade.

Gênesis 3:20

Eva deve ter sido uma criatura de beleza insuperável. Ela era a coroa e o ápice da incrível obra criativa de Deus. A primeira fêmea da raça de Adão foi o último ser vivo a ser chamado à existência — formada especialmente pelas próprias mãos do Criador de um modo que demonstrou cuidado e atenção particular aos detalhes. Lembre-se de que Eva não foi feita de pó, como Adão, mas cuidadosamente desenhada a partir de carne e osso vivos. Adão era pó refinado, Eva era um aperfeiçoamento da própria humanidade. Ela foi um presente especial para Adão. Ela era a companheira perfeita que finalmente completou sua existência — e cuja própria existência se constituía no término de toda a criação.

Eva, o único ser que foi criado diretamente por Deus a partir do tecido vivo de outra criatura, era de fato uma maravilha excepcional. Deus tinha composto um vasto universo de maravilhas a partir do nada. Depois, criou Adão de um punhado de pó, mas nada em toda a extensão do universo era mais maravilhoso do que essa mulher feita de um pedaço do homem. Se ele representava a espécie suprema — uma raça de criaturas feitas à imagem de Deus —, Eva era a personificação viva da glória da humanidade (1Coríntios 11:7). Deus tinha realmente deixado o melhor para o final. Nada seria mais adequado para ser o toque final e o verdadeiro apogeu de toda a criação.

Em seu estado original, sem ser manchada pelo mal nem ser alterada por alguma doença, defeito ou imperfeição, Eva era o arquétipo perfeito da excelência feminina. Ela era magnífica em todos os sentidos. Já que nenhuma outra mulher veio a esse mundo sem estar sob um estado decaído, nenhuma mulher teria a possibilidade de ultrapassar a graça, o charme, a virtude, a criatividade, a inteligência, a perspicácia e a pura inocência de Eva. Igualmente, ela deve ter personificado fisicamente as melhores características de força e de beleza. Não há dúvida de que ela era um retrato vivo de puro resplendor.

No entanto, as Escrituras não nos dão nenhuma descrição física de Eva. Sua beleza — esplêndida como *deve* ter sido — nunca é mencionada nem abordada. O destaque do relato bíblico se encontra no dever de Eva diante do Criador e do seu papel junto de seu marido. Esse é um fato importante, lembrando-nos de que as características principais que distinguem a verdadeira excelência feminina não são nada superficiais. As mulheres que são obcecadas com a imagem, com os produtos de beleza, com as curvas ou outros fatores externos têm uma visão distorcida da feminilidade. De fato, a cultura ocidental como um todo — inclusive boa parte da igreja visível — parece desesperadamente confusa sobre essas questões em particular. Precisamos retornar às Escrituras e ver qual é realmente o ideal de Deus para a mulher, e o relato bíblico de Eva é um lembrete excelente sobre quais devem ser as verdadeiras prioridades da mulher.

Como "mãe de toda a humanidade", Eva é obviamente um dos personagens principais na história da queda e da redenção da humanidade. Mesmo assim, nas Escrituras, seu nome só é mencionado quatro vezes — duas no Antigo Testamento (Gênesis 3:20; 4:1), e duas no Novo Testamento (2Coríntios 11:3; 1Timóteo 2:13). Não é só a descrição física dela que não nos é fornecida; também não conhecemos os detalhes sobre quantos filhos ela teve, quantos anos viveu e nem sobre como e onde ela morreu (Gênesis 5:3-5). O modo como a Bíblia conta a sua história, de maneira breve, nos ajuda a nos concentrar de maneira mais clara nos aspectos de sua vida que são mais importantes.

Apesar de a Bíblia não se pronunciar a respeito de muitas coisas que gostaríamos de saber sobre Eva, temos à disposição um relato detalhado da sua criação, tentação e queda, da maldição que caiu sobre ela e da esperança posterior na qual ela se apegou. Naturalmente, esses são os pontos onde nos concentraremos em nosso estudo dessa mulher verdadeiramente extraordinária.

Sua criação

O relato bíblico da criação fantástica de Eva é feito em Gênesis 2:20-25:

> Assim o homem deu nomes a todos os rebanhos domésticos, às aves do céu e a todos os animais selvagens. Todavia não se encontrou para o homem alguém que o auxiliasse e lhe correspondesse. Então o Senhor Deus fez o homem cair em profundo sono e, enquanto este dormia, tirou-lhe uma das costelas, fechando o lugar com carne. Com a costela que havia tirado do homem, o Senhor Deus fez uma mulher e a trouxe a ele. Disse então o homem: "Esta, sim, é osso dos meus ossos e carne da minha carne! Ela será chamada mulher, porque do homem foi tirada". Por essa razão, o homem deixará pai e mãe e se unirá à sua mulher, e eles se tornarão uma só carne. O homem e sua mulher viviam nus, e não sentiam vergonha.

Em outras palavras, Deus efetuou um procedimento cirúrgico em Adão. As Escrituras descrevem a operação com um nível de detalhe surpreendente. Adão foi anestesiado — não por meios artificiais, mas Deus simplesmente fez com que ele caísse em um sono profundo. Nesse descanso, especialmente em um mundo que ainda era um paraíso perfeito, Adão obviamente não sentiria dor, mas, de forma mais importante, a tranquilidade pura e passiva do sono de Adão cria um retrato ideal do modo pelo qual *sempre* se recebe a graça de Deus. A graça nunca é operada por esforço, atividade ou voluntariedade da nossa parte, mas sempre flui livremente da vontade soberana de Deus. Observe que nada indica que Adão *pediu* a Deus uma esposa. Não foi dada a Adão nenhuma condição para cumprir como pré-requisito para receber o favor de Deus. O próprio Deus provocou todo esse momento e por si só fez com que ele acontecesse — como expressão de pura graça e benevolência para com o homem. Adão só participou no fato de ter contribuído com uma costela, mas até isso foi realizado enquanto ele estava dormindo. A obra foi integralmente feita por Deus.

O lado de Adão foi aberto, uma costela foi cuidadosamente retirada e a incisão foi fechada novamente. Com um cirurgião tão infinitamente habilidoso, e dentro do paraíso do Éden antes da maldição, não havia perigo algum de infecção, desconforto da dor pós-operatória e nem risco de formar alguma cicatriz. Deus tomou um osso supérfluo, do qual Adão nunca sentiria falta, e fez para ele algo que lhe faltava: uma alma gêmea. Adão perdeu uma costela, mas ganhou uma companheira amorosa, criada especialmente para ele pelo Doador de tudo que é bom e perfeito (Tiago 1:17).

A expressão hebraica que descreve como Deus "com a costela... fez uma mulher" denota uma construção e um desenho cuidadoso. Literalmente, significa que Deus *construiu* uma mulher. Ele formou com cuidado uma criatura completamente nova, com o conjunto adequado de características para fazer dela uma companheira ideal para Adão.

Criada por Deus especialmente para Adão, a partir de sua própria carne e osso, Eva combinava com Adão perfeitamente em todos os sentidos. Ela era uma ilustração maravilhosa da bondade da graça de Deus e da perfeita sabedoria da sua vontade. Repito que Deus a fez enquanto Adão estava dormindo, sem receber quaisquer dicas ou sugestões da parte dele. Mesmo assim, ela supriu todas as necessidades que Adão tinha, satisfez todos os anseios que ele possa ter sentido e agradou a todas as faculdades dos seus sentidos. Ela atendeu à sua necessidade de companhia, era fonte de alegria e prazer para ele e possibilitou a procriação da raça humana. Eva complementou Adão de forma perfeita e aperfeiçoou tudo o que dizia respeito à sua existência. O Éden, a partir daí, passou a ser verdadeiramente um paraíso.

Quando Adão despertou e encontrou Eva, ele deve ter sentido uma alegria imensa! Ele a amou desde o momento em que a viu. Suas primeiras palavras ao encontrá-la expressam um sentimento profundo de admiração, prazer verdadeiro e satisfação permanente: "Esta, sim, é osso dos meus ossos e carne da minha carne!". Claramente, ele já sentia um vínculo pessoal com Eva. Ela era um tesouro incalculável que devia ser cuidado, uma parceira digna para o incentivar e um cônjuge agradável que retornaria o seu amor. Imediatamente, ele gostou muito dela e a tomou para si.

O método exclusivo da criação de Eva recebe um destaque proposital, na minha opinião, para nos recordar vários princípios importantes sobre a feminilidade em geral.

Em primeiro lugar, fala sobre a igualdade essencial entre ela e Adão. A mulher foi "tirada do homem". Eles possuíam a mesma natureza essencial. Ela não era uma espécie diferente de criatura, tinha exatamente a mesma essência de Adão. Ela, de modo algum, era uma personagem inferior, feita simplesmente para servi-lo, mas era sua correspondente espiritual, sua colega intelectual e, em todos os sentidos, sua parceira e companheira perfeita.

Como segundo aspecto, o modo pelo qual Eva foi criada nos lembra da unidade essencial que é o ideal para todo relacionamento conjugal. Jesus se referiu à criação de Eva, em Mateus 19:4-6, para provar que o plano de Deus para o casamento foi estabelecido bem no início da história humana e foi baseado nos princípios da monogamia, da solidariedade e da inviolabilidade.

> "Vocês não leram que, no princípio, o Criador 'os fez homem e mulher' e disse: 'Por essa razão, o homem deixará pai e mãe e se unirá à sua mulher, e os dois se tornarão uma só carne'? Assim, eles já não são dois, mas sim uma só carne. Portanto, o que Deus uniu, ninguém o separe".

Portanto, a criação de Eva exemplifica perfeitamente o princípio de "uma só carne". Na verdade, este é o momento exato em que esse princípio encontra a sua verdadeira origem.

Em terceiro lugar, as circunstâncias da criação de Eva ilustram o nível alto de profundidade e de importância para o qual o casamento do marido e da mulher foi planejado. Não é simplesmente uma união física, mas também uma união de coração e alma. Eva foi o complemento de Adão em todos os sentidos, planejada por Deus para ser a companhia de alma para ele, e a intimidade do relacionamento dos dois vem de ela ter sido literalmente tirada do seu lado. No seu comentário clássico da Bíblia, o escritor puritano Matthew Henry escreveu essas palavras conhecidas, que têm sido adaptadas e citadas em muitas cerimônias de casamento: "A mulher foi feita de *uma costela retirada do lado de Adão*, não da sua cabeça para governar sobre ele, nem do seu pé para ser pisada por ele, mas do seu lado para ser igual a ele, sob seu braço para ser protegida e perto do seu coração para ser amada".

O simbolismo que Matthew Henry enxergou na costela de Adão combina bem com o que as Escrituras ensinam sobre o relacionamento adequado entre marido e mulher. Além disso, recorda-nos sobre a maneira como a Bíblia exalta a mulher.

Em quarto lugar, a criação de Eva contém algumas lições bíblicas importantes sobre o papel criado por Deus para a mulher. Apesar de Eva ter o mesmo nível espiritual e intelectual de Adão, ter a mesma essência e, portanto, a mesma posição diante de Deus — e, na sua categoria, acima das outras criaturas —, ainda assim havia uma diferença clara entre os seus papéis terrenos, e isso aconteceu por causa do desígnio criativo e proposital de Deus. Nas palavras do apóstolo Paulo, "o homem não se originou da mulher, mas a mulher do homem; além disso, o homem não foi criado por causa da mulher, mas a mulher por causa do homem" (1Coríntios 11:8-9). Adão foi criado primeiro, depois Eva foi feita para preencher um vazio na sua existência. Adão era a cabeça, Eva era sua ajudadora. Adão foi criado para ser pai, provedor, protetor e líder. Eva foi criada para ser mãe, consoladora, cuidadora e ajudadora.

A própria natureza deixa bem claro que Deus ordenou funções diferentes para cada um (1Coríntios 11:14). O homem e a mulher não têm a mesma força física. Eles são diferentes corporal e hormonalmente, de várias formas bem óbvias. Uma montanha de provas empíricas e clínicas sugere fortemente que o homem e a mulher também são diferentes em outros aspectos bem importantes — inclusive aspectos sociais, emocionais e psicológicos.

A atitude de reconhecer que existem essas diferenças fundamentais entre os gêneros e que o homem e a mulher foram designados para papéis diferentes pode não corresponder com a sensibilidade do feminismo moderno, mas isso é, no final das contas, o que a própria Palavra de Deus diz. Deus criou o homem e a mulher de forma diferente com um propósito, e o seu plano com relação a eles reflete essas diferenças. A Bíblia é clara ao ensinar que a mulher deve se sujeitar à autoridade do seu marido no casamento (Efésios 5:22-24; Colossenses 3:18; 1Pedro 3:1-6) e que a mulher deve estar sob a autoridade e a instrução do homem na igreja (1Coríntios 11:3-7 14:34-35).

Uma passagem importante sobre essa questão é 1Timóteo 2:11-15, porque nela o apóstolo Paulo defende o princípio da liderança masculina na igreja. A primeira razão que Paulo dá para esse entendimento vem da criação, não da queda. "Porque primeiro foi formado Adão, e depois Eva" (1Timóteo 2:13). Portanto, o princípio da chefia masculina foi estabelecido na criação. Não foi (como alguns têm sugerido) uma consequência do pecado de Adão e, por isso, algo a ser considerado como fruto do mal. Além disso, quando a Bíblia atribui ao homem o papel da chefia na igreja e no casamento, isso reflete *a impressão digital de Deus como Criador*. Tenho certeza de que se as pessoas nos dias de hoje simplesmente adotassem os papéis que Deus estabeleceu para cada gênero respectivo, tanto o homem quanto a mulher seriam mais felizes, a igreja seria mais saudável e os casamentos seriam mais fortes.

Adão era a cabeça representativa e o arquétipo de toda a raça humana, mas lembre-se de que, apesar de Eva ter recebido um papel de submissão, ela continuou tendo o mesmo nível espiritual e intelectual dele. Ela era sua "ajudadora", não era nem sua supervisora, nem sua escrava. Ao chamá-la de "ajudadora" de Adão, as Escrituras destacam a mutualidade e a natureza complementar da parceria. De nenhum modo, Eva era inferior ao seu marido, mas ainda assim ela recebeu um papel que era subordinado à sua liderança.

Subordinado, porém do mesmo nível? Isso mesmo! Os relacionamentos dentro da Trindade exemplificam perfeitamente como a chefia e a submissão podem funcionar dentro de um relacionamento entre pessoas absolutamente iguais. Cristo em nenhum sentido é inferior ao Pai. "Pois em Cristo habita corporalmente toda a plenitude da divindade" (Colossenses 2:9). Ele subsiste eternamente "na forma de Deus... [e] igual a

Deus" (Filipenses 2:6, ARC). "Eu e o Pai somos um" (João 10:30, ARA). O apóstolo João esclareceu isso ao máximo. Desde o eterno passado, Cristo estava com Deus e ele mesmo era Deus (João 1:1-2). As três Pessoas divinas (o Pai, o Filho e o Espírito Santo) constituem o Deus verdadeiro da Bíblia. Todas as três são totalmente Deus e tem o nível totalmente igual, mas, *mesmo assim*, o Filho é subordinado ao Pai. Jesus disse: "Não procuro agradar a mim mesmo, mas àquele que me enviou" (João 5:30). "Sempre faço o que lhe agrada" (João 8:29).

O apóstolo Paulo traçou um paralelo bem claro entre a submissão voluntária de Jesus ao seu Pai e a submissão voluntária da esposa ao seu marido: "Quero, porém, que entendam que o cabeça de todo homem é Cristo, e o cabeça da mulher é o homem, e o cabeça de Cristo é Deus" (1Coríntios 11:3). Portanto, se você imagina como duas pessoas que têm na verdade o mesmo nível podem ter um relacionamento onde um é cabeça e o outro se submete, você não precisa ir além da doutrina da Trindade. O próprio Deus é o padrão para esse relacionamento.

A criação de Eva estabelece um paradigma parecido para a raça humana. Aqui está um apanhado geral dele: o homem e a mulher, apesar de terem essencialmente o mesmo nível, foram criados para papéis diferentes. A mulher não é em nenhum sentido inferior ao homem, mas cada um foi claramente criado para um propósito distinto. Na economia da igreja e da família, a Bíblia diz que a mulher deve ser submissa à autoridade do homem, ainda que a Bíblia também reconheça que, em um sentido completamente diferente, a mulher é exaltada *acima* do homem — porque ela é a manifestação viva da glória da raça criada à imagem de Deus (1Coríntios 11:7).

Essa era exatamente a posição depois da criação e antes da queda. Eva estava sob a chefia do seu marido, mesmo sendo de muitas maneiras uma criatura bem mais gloriosa do que ele, despertando admiração e elogios. Eles eram parceiros e companheiros, cooperadores no jardim. Deus lidou com Adão como cabeça da raça humana, e Eva prestava contas ao seu marido. Longe de atribuir uma servidão insignificante a Eva ou a um estado de escravidão doméstica, esse arranjo a libertou totalmente.

Esse era o paraíso verdadeiro, e Adão e Eva constituíam um microcosmo perfeito do padrão que Deus criou para a raça humana, mas depois tudo foi arruinado pelo pecado. De um modo trágico, Eva foi o portal involuntário pelo qual o tentador teve acesso para atacar Adão.

Sua tentação

O capítulo 2 de Gênesis termina com uma breve descrição da inocência do paraíso do Éden: "O homem e sua mulher viviam nus, e não sentiam vergonha" (v. 25).

Já o capítulo 3 apresenta o tentador, a serpente. Ela é claramente Satanás, que de alguma forma se manifestou como serpente, apesar de as Escrituras não identificarem essa criatura como Satanás até o livro final do Apocalipse (Apocalipse 12:9; 20:2).

Satanás era um anjo que caiu em pecado. Isaías 14:12-15 e Ezequiel 28:12-19 fazem referência à queda de uma criatura angélica magnífica que é descrita como o mais alto e mais glorioso ser criado. Esse só pode ser Satanás. A Bíblia não narra com precisão quando a queda de Satanás aconteceu ou quais foram as circunstâncias que a motivaram, mas deve ter sido em algum momento durante os acontecimentos descritos em Gênesis 2, porque no final de Gênesis 1, toda a criação — inclusive tudo no universo visível, bem como no mundo espiritual — estava completo, intacto e impecável. "Deus viu *tudo* o que havia feito, e *tudo* havia ficado muito bom" (Gênesis 1:31, destaque nosso). No entanto, em Gênesis 3:1, encontramos a serpente.

A cronologia do relato parece sugerir que pouco tempo tinha se passado entre o final da criação e a queda de Satanás. Um pequeno período semelhante parece ter transcorrido entre a queda de Satanás e a tentação de Eva. Podem ter sido somente alguns dias ou talvez questão de horas, mas não podia ser muito tempo. Adão e Eva nem mesmo tinham concebido um filho.

Na verdade, essa é, sem dúvida, uma das principais razões pelas quais o tentador não perdeu tempo para enganar Eva e levar seu marido a pecar. Ele queria atacar o cabeça da raça humana antes que a raça tivesse alguma oportunidade de se multiplicar. Se ele pudesse seduzir Eva e, através disso, fazer Adão cair nesse momento, ele poderia sabotar toda a humanidade em um único ato mortal de traição contra Deus.

Este é o relato bíblico da queda de Gênesis 3:1-7:

> Ora, a serpente era o mais astuto de todos os animais selvagens que o SENHOR Deus tinha feito. E ela perguntou à mulher: "Foi isto mesmo que Deus disse: 'Não comam de nenhum fruto das árvores do jardim'?"
>
> Respondeu a mulher à serpente: "Podemos comer do fruto das árvores do jardim, mas Deus disse: 'Não comam do fruto da árvore que está no meio do jardim, nem toquem nele; do contrário vocês morrerão'".
>
> Disse a serpente à mulher: "Certamente não morrerão! Deus sabe que, no dia em que dele comerem, seus olhos se abrirão, e vocês, como Deus, serão conhecedores do bem e do mal".
>
> Quando a mulher viu que a árvore parecia agradável ao paladar, era atraente aos olhos e, além disso, desejável para dela se obter discernimento, tomou do seu fruto, comeu-o e o deu a seu marido, que comeu também. Os olhos dos dois se abriram, e perceberam que estavam nus; então juntaram folhas de figueira para cobrir-se.

Satanás aproximou-se de Eva sorrateiramente. Isso resume o modo sutil com o qual ele pretendia enganá-la. Ele parece tê-la escolhido para esse engano astuto no momento em que ela não estava na companhia de Adão. Como vaso mais fraco, longe do seu marido, mas perto da árvore proibida, ela estava na posição mais vulnerável possível.

Observe que o que a serpente disse a ela não era somente plausível; até que era parcialmente verdade. Comer o fruto de fato abriria os olhos dela para entender o bem e o mal. Na sua inocência, Eva era suscetível às meias-verdades e às mentiras do diabo.

As primeiras palavras da serpente, no versículo 1, mostram o teor de todos os seus contatos com a humanidade: "Foi isto mesmo que Deus disse...?" O ceticismo está por trás dessa pergunta. Esse é o seu *modus operandi* clássico. Ele questiona a Palavra de Deus, sugerindo incerteza sobre o significado das afirmações divinas, levantando dúvidas sobre as motivações por trás dos propósitos secretos de Deus ou expressando preocupação quanto à sabedoria do plano de Deus.

Ele distorce o significado da Palavra de Deus: "Foi isto mesmo que Deus disse: 'Não comam de nenhum fruto das árvores do jardim'?" Na verdade, o mandamento de Deus tinha vindo a Adão com uma afirmação positiva: "*Coma livremente* de qualquer árvore do jardim, mas não coma da árvore do conhecimento do bem e do mal, porque no dia em que dela comer, certamente você morrerá" (Gênesis 2:16-17, destaque nosso). A serpente lança a ordem em linguagem negativa ("*Não* comam das árvores"), dando uma aparência de mesquinhez à expressão da rica generosidade de Deus. Ele estava deturpando de propósito o caráter e o mandamento de Deus.

Provavelmente, Eva não ouviu falar da única restrição de Deus diretamente dele, mas de seu marido. Gênesis 2:16-17 registra que Deus deu a proibição um pouco antes da criação dela, na época em que Adão tinha sido o único receptor. Isso combina perfeitamente com o princípio bíblico sobre a posição de Adão como representante e cabeça de toda a raça humana. Deus o responsabilizou diretamente. A instrução de Eva e sua proteção eram de sua responsabilidade como cabeça da família. Por causa disso, quanto mais ele se afastava dela, mais ela ficava vulnerável.

Em meio à alegria inocente do Éden, é óbvio que Eva não tinha ideia de que um perigo como esse existisse. Mesmo que, como parece, a serpente tenha visto ela olhar para a árvore, Eva não estava pecando com isso. Deus não tinha proibido o casal de *olhar* para a árvore. Ao contrário da frase de Eva em Gênesis 3:3, nem Deus tampouco tinha proibido que eles *tocassem* na árvore. Ela estava exagerando no rigor da restrição de Deus.

Observe que ela também minimizou a severidade do aviso que havia recebido, suavizando o tom decisivo de Deus de certeza absoluta ("no dia em que dele comer certamente você morrerá" [Gênesis 2:17]) em uma linguagem de simples potencial ("do contrário vocês morrerão" [Gênesis 3:3]).

A esta altura, no entanto, parece que ela estava mais atrapalhada e confusa do que tudo. Não há razão para achar que Eva estivesse deturpando os fatos de propósito. Quem sabe para sua própria proteção, para colocar uma cerca ao redor do perigo, Adão tenha aconselhado Eva a não "tocar" o fruto proibido. Em todo caso, Eva não estava fazendo nada errado quando simplesmente olhou para ele. Ela deve ter ficado naturalmente curiosa. Satanás aproveitou a oportunidade para seduzi-la, e, por meio disso, tentar Adão.

Na segunda vez em que a serpente fala com Eva, ela não se limita a citar a palavra de Deus de forma errada para colocar uma distorção nela. Dessa vez, ela contradiz de forma categórica o que Deus tinha dito a Adão. A palavra de Deus para Adão foi: "no dia em que dele comer certamente você morrerá" (Gênesis 2:17), mas a resposta de Satanás a Eva foi totalmente oposta: "Certamente não morrerão!" (3:4).

Depois, Satanás continuou a confundir Eva com sua versão do que aconteceria se ela comesse: "Deus sabe que, no dia em que dele comerem, seus olhos se abrirão, e vocês, como Deus, serão conhecedores do bem e do mal" (v. 5). Essa era outra verdade parcial. Se Eva comesse, os olhos dela *seriam* abertos ao conhecimento do bem e do mal. Em outras palavras, ela *perderia* sua inocência. No entanto, a maior mentira de todas estava por trás dessas palavras. É a mesma falsidade que ainda alimenta o orgulho carnal de nossa raça decaída e corrompe todos os corações humanos. É o mesmo erro que gerou a maldade do próprio Satanás. Por isso, esta mentira é a base de um universo de maldade: "Vocês serão como Deus" (v. 5).

Comer o fruto não faria com que Eva fosse como Deus. Isso faria (e fez) com que ela fosse como o diabo (decaída, corrupta e condenada), mas ela foi enganada. Ela "viu que a árvore parecia agradável ao paladar, era atraente aos olhos e, além disso, desejável para dela se obter discernimento" (v. 6). Observe os desejos naturais que contribuíram para a confusão de Eva: seus apetites naturais (parecia agradável ao paladar); sua sensibilidade estética (era atraente aos olhos), e sua curiosidade intelectual (desejável para dela se obter discernimento). Tudo isso consiste em impulsos bons, legítimos e saudáveis — a menos que o objeto do desejo seja pecaminoso, e então a paixão natural se torne uma cobiça má. Isso nunca pode resultar em algo bom. Por isso, o apóstolo João nos avisa: "Pois tudo o que há no mundo — a cobiça da carne, a cobiça dos olhos e a ostentação dos bens — não provém do Pai, mas do mundo" (1João 2:16).

Eva comeu e depois deu o fruto para que o marido comesse. A Bíblia não diz se Adão encontrou Eva perto do fruto proibido ou se ela foi ao seu encontro. De qualquer modo, pelo ato de Adão, de acordo com Romanos 5:12, "o pecado entrou no mundo por um homem, e pelo pecado a morte, assim também a morte veio a todos os homens..." Isso é conhecido como a doutrina do pecado original. Ela é uma das doutrinas mais importantes e verdadeiramente básicas da teologia cristã, e, por isso, com certeza vale o esforço para entender o contexto da história de Eva.

Às vezes, as pessoas perguntam por que o erro de Adão foi tão decisivo para a humanidade e a razão pela qual as Escrituras tratam a desobediência de Adão como o meio pelo qual o pecado entrou no mundo. Afinal de contas, foi Eva quem realmente comeu primeiro o fruto proibido. Foi ela quem sucumbiu à tentação original, permitiu ser levada por um apelo à cobiça e desobedeceu ao mandamento de Deus. Por que a transgressão de Adão foi considerada como o pecado original?

Lembre-se, em primeiro lugar, que 1Timóteo 2:14 diz: "Adão não foi enganado, mas sim a mulher, que, tendo sido enganada, tornou-se transgressora". O pecado de Adão foi proposital e consciente, de um modo diferente de Eva. Eva foi enganada, mas Adão escolheu participar do fruto que Eva lhe ofereceu tendo o conhecimento pleno de que ele estava entrando em uma rebelião consciente contra Deus.

Existe, no entanto, uma razão ainda mais importante pela qual o pecado de Adão, em vez do de Eva, levou à queda toda a humanidade. Devido à sua posição exclusiva como cabeça da família original e, por isso, capitão de toda a raça humana, a liderança de Adão tinha uma importância particular para toda a humanidade. Deus lidou com ele como uma espécie de representante legal de si mesmo, de sua esposa e de toda sua descendência. Quando Adão pecou, ele pecou como nosso representante diante de Deus. Quando ele caiu, nós caímos com ele. Esse é exatamente o motivo pelo qual a Palavra de Deus ensina que somos *nascidos* em pecado (veja Gênesis 8:21; Salmos 51:5; 58:3) e que todos nós participamos da culpa e da condenação de Adão (Romanos 5:18).

Em outras palavras, ao contrário do que muitos pensam, nós não caímos de um estado de inocência completa para o pecado individualmente, por nós mesmos, mas foi Adão que, agindo como agente e representante de toda a raça humana, *mergulhou toda a humanidade de uma vez* no pecado. Nas palavras de Romanos 5:19, "por meio da desobediência de um só homem muitos foram feitos pecadores". Todos da descendência de Adão foram condenados pelas suas ações, e, por isso, toda a raça humana é declarada culpada por causa do que *ele* fez, e não por causa do que Eva fez.

É impossível entender a doutrina do pecado original se ignorarmos esse princípio da liderança de Adão. De um modo final, é impossível entender a Bíblia sem entender esse princípio vital. Em um sentido absolutamente básico, até a verdade do evangelho se baseia nessa mesma ideia da liderança representativa. A Bíblia diz que a liderança de Adão sobre a raça humana é uma comparação exata com a liderança de Cristo sobre a raça redimida (Romanos 5:18; 1Coríntios 15:22). Do mesmo modo que Adão trouxe culpa sobre nós como nosso representante, Cristo tirou essa culpa de sobre o seu povo, tornando-se seu cabeça e representante. Ele permanece como procurador diante da ordem do direito divino e pagou o preço da sua culpa diante de Deus. Jesus também fez tudo o que Adão fracassou em fazer, rendendo obediência a Deus em favor do seu povo. Por isso, "por meio da obediência de um único homem muitos serão feitos justos" (Romanos 5:19). Em outras palavras, a justiça de Cristo é creditada como nossa, porque ele assumiu o lugar como cabeça representativa de todos os que confiam nele. Esse é o resumo do evangelho.

Entretanto, não conclua que o pecado de Eva era justificável porque não tinha sido proposital ou não teve consequências tão profundas quanto o de Adão. O pecado de Eva foi extremamente impuro, e suas ações demonstraram que ela era uma cúmplice total e disposta com Adão em sua desobediência. (Incidentalmente, de modo semelhante, todos nós demonstramos pelos nossos próprios atos voluntários que a doutrina do pecado original é perfeitamente justa e razoável. Ninguém pode legitimamente remover a culpa da raça humana protestando que é injusto para as outras pessoas serem manchadas de culpa por causa do comportamento de Adão. Os nossos próprios pecados provam a nossa cumplicidade com ele).

O pecado de Eva a sujeitou à desaprovação de Deus. Ela foi tirada do paraíso do Éden e no lugar dele herdou uma vida de dor e frustração. A maldição divina contra o pecado a atingiu de um modo particular.

Sua humilhação

A serpente estava certa sobre uma coisa: comer o fruto proibido abriu os olhos de Eva, de modo que ela conheceu o bem e o mal. Infelizmente, ela conheceu o mal por experiência — tornando-se uma participante voluntária do pecado e, em um momento, a inocência dela se foi. O resultado foi uma vergonha torturante.

As Escrituras descrevem essa vergonha com algumas palavras pitorescas: "Os olhos dos dois se abriram, e perceberam que estavam nus; então juntaram folhas de figueira para cobrir-se" (Gênesis 3:7).

A famosa tentativa deles de fazer roupas de folhas de figueira é um exemplo perfeito da inadequação de todos os dispositivos que são criados para cobrir a vergonha. A religião humana, a filantropia, a educação, a melhoria pessoal e a autoestima, e todas as outras tentativas — no final das contas — não conseguem camuflar a desgraça e a vergonha do nosso estado decaído. Todas as soluções criadas pelo homem têm a mesma eficiência para tirar a desonra do nosso pecado que as primeiras tentativas dos nossos primeiros pais de esconder a nudez com folhas de figueira, porque colocar uma máscara sobre a vergonha não lida realmente com o problema da culpa diante de Deus. O pior de tudo é que a expiação da culpa vai muito além das possibilidades de alcance pessoal do homem e da mulher decaídos.

Essa foi a descoberta a que Adão e Eva chegaram quando seus olhos se abriram ao conhecimento do bem e do mal. O Senhor, com certeza, sabia tudo sobre o pecado de Adão antes mesmo de ele acontecer. Não havia possibilidade de esconder a verdade, e ele certamente não tinha que comparecer fisicamente ao jardim para descobrir o que o primeiro casal tinha feito, mas Gênesis conta a história sob uma perspectiva humana. Basicamente, o que lemos em Gênesis 3:8-13 é o que Eva ouviu e viu:

> Ouvindo o homem e sua mulher os passos do Senhor Deus que andava pelo jardim quando soprava a brisa do dia, esconderam-se da presença do Senhor Deus entre as árvores do jardim.
>
> Mas o Senhor Deus chamou o homem, perguntando: "Onde está você?"
>
> E ele respondeu: "Ouvi teus passos no jardim e fiquei com medo, porque

> estava nu; por isso me escondi". E Deus perguntou: "Quem lhe disse que você estava nu? Você comeu do fruto da árvore da qual lhe proibi comer?"
>
> Disse o homem: "Foi a mulher que me deste por companheira que me deu do fruto da árvore, e eu comi".
>
> O Senhor Deus perguntou então à mulher: "Que foi que você fez?"

É evidente que a culpa dos nossos primeiros pais foi acompanhada por um senso profundo de medo, pavor e terror diante da perspectiva de prestar contas a Deus por aquilo que tinham feito. Foi por isso que eles tentaram se esconder. Como as folhas de figueira, o esconderijo deles foi inadequado para ocultá-los do olho de Deus, que tudo vê.

A resposta de Adão reflete o seu medo, bem como um detalhe de tristeza profunda, mas não há confissão. Adão parece ter percebido que não havia como implorar pela sua inocência, mas ele nem tinha feito uma confissão completa. O que ele fez foi transferir a culpa. Ele imediatamente apontou o dedo para a pessoa mais próxima: Eva.

O que também está implícito nas palavras de Adão ("A mulher que me *deste*") é uma acusação contra Deus. O pecado corrompeu a mente de Adão tão rapidamente que, em sua transferência de culpa, ele não teve o menor medo de fazer de Deus um cúmplice do crime. A tentativa dos pecadores, buscando inocência, é tão típica que a epístola de Tiago, no Novo Testamento, nos instrui claramente: "Quando alguém for tentado, jamais deverá dizer: 'Estou sendo tentado por Deus'. Pois Deus não pode ser tentado pelo mal, e a ninguém tenta. Cada um, porém, é tentado pela própria cobiça, sendo por esta arrastado e seduzido" (Tiago 1:13-14). No entanto, Adão estava procurando de forma sutil colocar pelo menos um pouco de culpa no próprio Deus.

Porém, Adão passou a maior parte da culpa para Eva. Deus não respondeu brigando com Adão sobre isso, mas voltando-se para Eva e confrontando-a diretamente. Obviamente, isso não era sinal de que Adão estava livre, mas sim de que o Senhor estava dando a Eva uma oportunidade de confessar a sua participação.

Ela, porém, tentou simplesmente repassar a culpa para a serpente: "A serpente me enganou, e eu comi". Isso podia ser considerado como verdade

(1Timóteo 2:14), mas a culpa da serpente não justificava o pecado dela. Novamente, o texto de Tiago 2:14 nos recorda que toda vez que pecamos é porque somos tentados *pela nossa própria cobiça*. Não importa o meio pelo qual Satanás possa usar para nos seduzir a pecar — e nem o quanto sua astúcia seja sutil —, a responsabilidade pelo próprio ato continua recaindo sobre o pecador e ninguém mais. Eva não podia fugir da responsabilidade pelo que ela tinha feito transferindo a sua culpa.

Observe, no entanto, que o Senhor não iniciou briga alguma, nem se envolveu em algum diálogo posterior. As próprias palavras de Adão já tinham provas suficientes para condená-los, apesar de seus esforços para evitar uma confissão completa. As desculpas deles foram tão inúteis para esconderem a culpa quanto as folhas de figueira tinham sido.

Portanto, em Gênesis 3:14-19, o Senhor simplesmente declara uma maldição abrangente encaminhada aos sucessivos culpados — primeiro à serpente, depois a Eva, e finalmente ao homem:

> Então o Senhor Deus declarou à serpente: "Já que você fez isso, maldita é você entre todos os rebanhos domésticos e entre todos os animais selvagens! Sobre o seu ventre você rastejará, e pó comerá todos os dias da sua vida. Porei inimizade entre você e a mulher, entre a sua descendência e o descendente dela; este lhe ferirá a cabeça, e você lhe ferirá o calcanhar".
>
> *À mulher, ele declarou:* "Multiplicarei grandemente o seu sofrimento na gravidez; com sofrimento você dará à luz filhos. Seu desejo será para o seu marido, e ele a dominará".
>
> E ao homem declarou: "Visto que você deu ouvidos à sua mulher e comeu do fruto da árvore da qual eu lhe ordenara que não comesse, maldita é a terra por sua causa; com sofrimento você se alimentará dela todos os dias da sua vida. Ela lhe dará espinhos e ervas daninhas, e você terá que alimentar-se das plantas do campo. Com o suor do seu rosto você comerá o seu pão, até que volte à terra, visto que dela foi tirado; porque você é pó e ao pó voltará".

A análise de toda a maldição poderia levar muitos capítulos. Com certeza, exigiria mais espaço do que o razoável para um capítulo como este.

Nosso interesse principal, de fato, é o modo como a maldição se relaciona com Eva em particular. Observe que a maldição tem três partes. A primeira é dirigida à serpente; a segunda, dirigida a Eva; e a terceira, dirigida a Adão, mas as três trazem consequências sérias a Eva. Para perceber isso de forma clara, vamos começar com a parte final, que é dirigida a Adão, e prosseguir de trás para frente.

Lembre-se, em primeiro lugar, que a maldição sobre Adão não se aplicava somente a ele em particular, mas a toda a raça humana. Igualmente, ela prometia mudanças importantes no ambiente da terra, portanto, a maldição sobre Adão tinha consequências imediatas e automáticas sobre Eva — e sobre todos os seus descendentes — também. A perda do paraíso e a mudança abrupta em toda a natureza significavam que a vida diária de Eva ficaria cheia de sofridas consequências e, de igual modo, a vida de Adão. O seu trabalho, como o dele, se tornaria um fardo. O suor, bem como os espinhos e os cardos, e, finalmente, a realidade da morte também fariam parte da sua porção na vida. Por isso, a maldição sobre Adão também era uma maldição sobre Eva.

Acho que é importante que a menor parte da maldição é aquela que se dirige diretamente a Eva. A parte de Eva está contida somente em um versículo da Bíblia (v. 16), e se divide em duas menores. Uma consequência direta do pecado de Eva seria a multiplicação da dor e da tristeza associada ao parto. A outra seria a dificuldade de relacionamento com seu marido. Em outras palavras, no momento em que a maldição se dirige a Eva em particular, ela lida com os dois relacionamentos mais importantes nos quais a mulher poderia buscar naturalmente a sua maior alegria: o relacionamento com o marido e o relacionamento com os filhos.

A primeira parte do versículo 16 é simples e direta: "Multiplicarei grandemente o seu sofrimento na gravidez; com sofrimento você dará à luz filhos. Seu desejo será para o seu marido, e ele a dominará". Com certeza, no final das contas, o que trouxe tristeza e sofrimento foi o pecado. A expressão *multiplicar o sofrimento* não sugere que teria havido um grau menor de angústia ou aflição no Éden sem maldição. Provavelmente, até o parto teria sido tão indolor e tão perfeito quanto todos os outros aspectos do paraíso, mas essa linguagem simplesmente reconhece que, a partir daquele momento, em um mundo decaído, a tristeza, a dor e as dificuldades físicas fariam parte e levariam um espaço da rotina diária da mulher. E no parto, a dor e o sofrimento seriam "grandemente multiplicados" — bem mais intensos do que as dores normais da vida diária. A gravidez, que originalmente tinha o potencial para trazer o mais puro tipo de alegria e prazer, seria, ao invés disso, marcada pela dor extrema e pela dificuldade.

A segunda parte do versículo é um pouco mais difícil de interpretar: "Seu desejo será para o seu marido, e ele a dominará". Um grande esclarecimento sobre o sentido dessa expressão surge da comparação com Gênesis 4:7, que usa exatamente a mesma expressão e a mesma construção gramatical para descrever a dificuldade que temos com o pecado: "O pecado o ameaça à porta; ele deseja conquistá-lo, mas você deve dominá-lo". Em outras palavras, o pecado deseja dominar você, mas, em vez disso, você deve prevalecer sobre ele.

Usando a mesma expressão, Gênesis 3:16 descreve uma dificuldade parecida que surgiria entre Eva e o seu marido. Antes de Adão pecar, a liderança dele era sempre perfeitamente sábia, amável e doce. Antes de Eva pecar, a submissão dela era o modelo perfeito de mansidão e modéstia. Porém, o pecado mudou tudo isso. A partir desse momento, ela se irritaria com a sua liderança e desejaria tirar o domínio dele. A tendência dele seria reprimi-la de um modo áspero e autoritário. Portanto, vemos assim que os conflitos quanto aos papéis dos gêneros vêm desde os nossos primeiros pais. Ele é um dos efeitos imediatos do pecado e da maldição terrível que se abateu sobre nossa raça.

O paraíso foi totalmente arruinado pelo pecado, e o rigor da maldição deve ter despedaçado o coração de Eva, mas o julgamento de Deus contra ela não era completamente áspero e destituído de esperança. Havia uma graça abundante mesmo dentro da própria maldição. Para os olhos da fé, havia raios de esperança que brilhavam mesmo em meio à nuvem da reprovação divina.

Por exemplo, Eva poderia ter sido sujeitada à serpente com a qual, no final das contas, ela tinha consentido de forma insensata, mas, em vez disso, permaneceu sob a liderança do seu marido. Ela poderia ter sido totalmente destruída, ou forçada a caminhar sozinha em um mundo onde a sobrevivência teria sido difícil. Em vez disso, teve a permissão de ficar com Adão, que continuaria a cuidar dela e a ser seu provedor. Mesmo com o relacionamento deles passando a ter conflitos que não existiam no Éden, ela continuou sendo a parceira de Adão. Apesar de ter passado recentemente a ser uma pessoa proscrita, um verdadeiro pária, ela manteve seu papel como esposa.

Na pior das hipóteses, Eva poderia ter sido proibida de ter filhos. Em vez disso, apesar do fato de que a experiência seria dolorosa e acompanhada de sofrimento a partir daquele momento, Eva ainda seria a mãe de todos os viventes. Na verdade, o seu próprio nome, que lhe foi dado por Adão depois da declaração da maldição, dá testemunho desse fato. "Adão deu à sua mulher o nome de Eva, pois ela seria mãe de toda a humanidade" (Gênesis 3:20).

Com efeito, a promessa de que Eva ainda teria filhos suavizou todos os outros aspectos da maldição. Essa expectativa simples continha um raio de esperança para toda a raça humana. Havia uma sugestão dentro da própria maldição que alguém da descendência de Eva finalmente venceria o mal e dissiparia a escuridão do pecado. Eva, que despertou todo um mundo de maldade pela sua desobediência, a partir daquele instante, por meio da sua descendência, daria à luz um Salvador. Essa esperança poderosa já lhe tinha sido dada na parte da maldição onde o Senhor se dirigiu à serpente.

Sua expectativa

A maldição de Deus sobre a serpente foi a mais severa de todas. No sentido mais literal e óbvio, ela parece ter sido dirigida ao réptil real, mas lembre-se, esse réptil de alguma forma, tinha sido habitado ou controlado por Satanás. Por isso, a importância real da maldição na verdade vai além da cobra e da sua espécie. Sua mensagem principal é uma sentença sinistra de condenação sobre o próprio Satanás.

Ainda assim, a maldição *traz* consequências importantes sobre a serpente literal e sobre a sua espécie. Não ignore o fato de que o Senhor declara implicitamente que "todos os rebanhos domésticos, e [...] todos os animais selvagens" tinham sido amaldiçoados (Gênesis 3:14). Certamente, Deus não tinha culpado o reino animal pelo pecado de Adão (A Bíblia nunca retrata os animais como seres moralmente conscientes, e essa passagem não foge à regra. Mesmo no caso da serpente, a culpa recai sobre o espírito satânico que usou a forma do réptil, e não sobre o animal em questão), mas amaldiçoou os animais por causa do pecado de Adão. Em outras palavras, a maldição sobre eles era parte do juízo de Deus sobre Adão.

Lembre-se de que a maldição teve ramificações negativas para todo o ambiente de Adão. O mal é infeccioso e, portanto, quando Adão pecou, todo o seu domínio foi manchado. O longo alcance da maldição reflete essa verdade. Essa é a razão pela qual, no versículo 17, o Senhor amaldiçoou até a terra. Obviamente, o reino animal seria sujeito da mesma forma aos vários efeitos abrangentes da rebelião de Adão. Daquele momento em diante, todo animal selvagem viveria em um mundo decadente e agonizante. Eles também estariam sujeitos à doença, à destruição, calamidade, morte e vários outros sofrimentos, todos consistindo em efeitos da presença do mal. Por isso, os animais também foram incluídos na maldição de Deus. Eles foram destinados a sofrer as desgraças que o pecado de Adão tinha trazido ao seu ambiente. Tudo isso era parte do julgamento sobre *Adão*, um lembrete constante para ele sobre o desagrado de Deus diante do pecado.

No entanto, a serpente seria mais amaldiçoada do que todas as espécies, limitada a se arrastar sobre o seu ventre no pó. Isso parece sugerir que esses animais no princípio tinham pernas. Não temos uma descrição física da serpente antes da maldição, mas ela poderia muito bem ter sido uma criatura magnífica e sofisticada. Porém, a partir daquele instante, todas as serpentes seriam rebaixadas ao pó, condenadas a se arrastar sobre a terra, e, portanto, incapazes de evitar a ingestão de todo tipo de imundícia junto com a sua comida. Apesar de toda a glória dessa criatura antes da queda, depois dela, passaria a ter uma forma que significava a abominação do tentador que habitou dentro de si.

Além disso, a serpente levaria para sempre o estigma do desprezo humano. Os efeitos reais dessa sentença são bem claros no ódio quase unânime da espécie humana dirigido às cobras. Nenhuma outra criatura desperta tanta repulsa.

Entretanto, repetimos que o sentido total desse texto realmente vai além do réptil e se dirige ao espírito satânico que o controlou. A degradação da serpente simplesmente espelha e exemplifica a própria expulsão de Satanás do céu. "Como você caiu dos céus, ó estrela da manhã, filho da alvorada! Como foi atirado à terra, você, que derrubava as nações!" (Isaías 14:12). O ódio da humanidade igualmente se aplica a Satanás. Apesar de a nossa raça ser decaída e alinhada espiritualmente com Satanás, contra Deus (João 8:44), o próprio diabo é uma afronta e uma desgraça entre os filhos de Eva. As pessoas, via de regra, repudiam Satanás e suas representações.

Mas isso não esgota totalmente o significado da passagem. As importantes consequências espirituais da maldição contra a serpente são ainda mais profundas do que isso, e eu acredito que Eva soube entender de alguma maneira. Geralmente, nos referimos a Gênesis 3:15 como o protoevangelho (significando, literalmente, "o primeiro evangelho"). Esse é o primeiro vislumbre de boas notícias para a humanidade decaída, e ela chega a nós nas primeiras palavras da *maldição* de Deus! Ele diz ao espírito mau que habita na cobra: "Porei inimizade... entre a sua descendência e o descendente dela; este lhe ferirá a cabeça, e você lhe ferirá o calcanhar".

Mesmo estando em forma de uma maldição contra a serpente, essa parte da maldição era um raio brilhante de luz para Eva. Aqui estava uma promessa explícita de que a Semente dela feriria a cabeça do maligno. Ela poderia não ter entendido toda a extensão da promessa divina oculta nessas palavras, mas dificilmente deixou de se encher de coragem com o que ouviu.

Em primeiro lugar, a simples menção da "Semente dela" indicava que ela teria filhos e a oportunidade de constituir uma família. Naquela hora, *ela sabia,* no mínimo, que não seria destruída de forma instantânea e abrupta por causa do seu pecado. Ela não seria relegada a uma condenação absoluta ao lado da serpente. Em vez disso — e Eva com certeza entendeu que a mensagem vinha da imensa graça e misericórdia da parte de Deus —, ela ainda teria a oportunidade de ser a mãe da raça humana. Além disso, Deus garantiria que a inimizade existiria perpetuamente entre os descendentes de Eva e aquela criatura má. Na perspectiva de Eva, tudo isso era claramente uma boa notícia.

No entanto, a promessa de que a sua Semente feriria a cabeça da serpente era melhor ainda. Isso era uma garantia de que a sua raça não seria subjugada irremediavelmente ao domínio do maligno para sempre. Na verdade, tendo Eva entendido isso totalmente ou não, essa maldição contra a serpente dava uma pista de que havia uma solução final para o pecado dela, dando a Eva uma razão para esperar que, algum dia, um de seus descendentes daria um golpe esmagador na cabeça do tentador, destruindo totalmente, e de forma definitiva, o ser diabólico e toda a sua influência — e, por consequência, aniquilando toda a maldade que ela tinha ajudado a iniciar.

Não se engane: esse é o significado exato dessas palavras. A maldição contra a serpente trazia uma promessa para Eva. A "Semente" dela esmagaria a cabeça da serpente. Sua própria descendência destruiria o destruidor.

Esse sentido de Gênesis 3:15 reflete a verdadeira intenção de Deus, e esse fato é esclarecido de forma absoluta por toda a Escritura. (De fato, é a trama principal que o restante das Escrituras conta.) Por exemplo, existe um eco dessa mesma expressão em Romanos 16:20: "Em breve o Deus da paz esmagará Satanás debaixo dos pés de vocês". Diz Hebreus 2:14 que Cristo (o qual, com certeza, é o eterno "Deus da paz") assumiu a forma humana — literalmente tornou-se um descendente de Eva — para que "por sua morte, derrotasse aquele que tem o poder da morte, isto é, o diabo". Lemos em 1João 3:8: "Para isso o Filho de Deus se manifestou: para destruir as obras do diabo". Assim Cristo, que foi originalmente "nascido de mulher" (Gálatas 4:4) — a descendência de uma virgem, e Deus em forma humana —, literalmente cumpriu essa promessa que a Semente da mulher quebraria a cabeça da serpente.

Até que ponto Eva realmente entendeu isso? A Bíblia não diz, mas parece claro que ela se apegou à esperança de que finalmente alguém de sua própria descendência feriria seu inimigo mortal. Tomando emprestado as palavras de um contexto um pouco diferente, ela parecia sentir que a sua espécie, pela graça de Deus, seria "salva dando à luz filhos" (1Timóteo 2:15). Não podemos ter certeza de que a sua profunda inimizade com relação ao tentador nunca tenha vacilado enquanto esteve viva. Eva deve ter desejado ansiosamente ver o dia em que um de seus filhos esmagaria sua cabeça.

A prova dessa esperança se vê na sua grande alegria em ter seu primogênito. Em Gênesis 4:1, temos a descrição do nascimento de Caim, o filho mais velho de Eva. Ela disse: "Com o auxílio do Senhor tive um filho homem". A expressão hebraica poderia ser traduzida literalmente: "Adquiri um homem; YHWH". Alguns comentaristas sugerem que talvez ela tenha achado que Caim era Deus encarnado, o Redentor prometido. A Bíblia nos dá poucas razões para pensar que a esperança estivesse altamente desenvolvida. De fato, se ela até supôs que Caim seria sua Semente prometida, ela ficou profundamente decepcionada. Ele esmagou o coração da sua mãe em vez da cabeça da serpente ao assassinar Abel, seu irmão mais novo.

Seja qual for o significado daquela expressão em Gênesis 4:1, ela é, de qualquer modo, uma expressão clara de esperança e alegria por causa da graça, da compaixão, da bondade e do perdão de Deus que foram dirigidos a ela. Um tom de grande alegria está presente nisso: "Com o auxílio do Senhor tive um filho homem".

Fica claro também que sua esperança foi caracterizada em seus próprios filhos. Ela os via como provas da bondade de Deus e lembretes da promessa de que a sua semente seria o instrumento pelo qual se daria a destruição final do tentador. De fato, quando Eva deu à luz Sete — depois de Caim ter despedaçado seu coração assassinando Abel —, a palavra de Deus diz que ela o "chamou Sete [que quer dizer "o escolhido"], dizendo: 'Deus me concedeu um filho no lugar de Abel, visto que Caim o matou'" (Gênesis 4:25). A referência à "Semente escolhida" *realmente* sugere que o coração de Eva tinha tomado posse da promessa oculta na maldição, e que ela cultivava a esperança imortal de que um dia sua própria Semente cumpriria essa promessa.

Será que Adão e Eva foram salvos? Acredito que sim. A graça de Deus é exemplificada pelo modo que ele "fez roupas de pele e com elas vestiu Adão e sua mulher" (Gênesis 3:21). Para que ele fizesse isso, alguns animais teriam de ser abatidos. Desse modo, o primeiro sacrifício de sangue de todos os tempos foi feito pela mão de Deus em favor deles. Além disso, oculta na declaração de Deus, de que a Semente da mulher derrotaria a serpente, estava uma promessa de que o seu pecado e todas as consequências dele seriam um dia derrotadas e a culpa dele seria erradicada. Por meio da perspectiva do Novo Testamento, ficamos sabendo que essa promessa incluía o envio do próprio Filho de Deus para desfazer o que o pecado de Adão tinha feito.

Eles acreditaram naquela promessa, até onde puderam entender. As Escrituras registram que Sete fundou uma linhagem de pessoas que temiam a Deus: "Também a Sete nasceu um filho, a quem deu o nome de Enos. Nessa época, começou-se a invocar o nome do Senhor" (Gênesis 4:26). De onde veio esse conhecimento do Senhor? Obviamente, veio de Adão e Eva, que tinham um conhecimento mais direto e ocular do que qualquer outra pessoa desde a queda. Essa semente piedosa, que perdura na fé de milhões até hoje, deve-se em grande parte ao seu legado. Felizmente para Eva, isso provará ser, ao final, um legado infinitamente maior do que o seu pecado, afinal de contas, o céu ficará lotado com a sua descendência redimida, e ele ficará eternamente ocupado com uma celebração da obra da sua Semente.

2
Sara
Esperando contra a esperança

E também a própria Sara, apesar de estéril e avançada em idade — recebeu poder para gerar um filho, porque considerou fiel aquele que lhe havia feito a promessa.

Hebreus 11:11

Sejamos honestos: há momentos no relato bíblico em que Sara nos parece um pouco megera. Ela era a mulher do grande patriarca Abraão, então, temos a tendência de pensar nela com um nível de dignidade e honra, mas, ao ler o relato bíblico de sua vida, é impossível deixar de notar que ela, às vezes, comportou-se mal. Sara tinha ataques de raiva. Sabia como ser manipuladora, e sabe-se até que cometeu atos de maldade. Em um momento ou outro, exemplificou praticamente todas as características que são associadas ao tipo caricato da mulher impertinente: sabia ser impaciente, temperamental, conivente, intratável, cruel, descuidada, rabugenta, ciumenta, imprevisível, insensata, chorona, queixosa ou murmuradora. Estava longe de ser sempre o modelo perfeito da graça e da mansidão piedosa.

Na verdade, há pistas de que ela pode ter sido exemplo de beleza mimada; uma protagonista clássica. O nome que lhe foi dado no nascimento, *Sarai*, significa "minha princesa". (Seu nome não foi mudado até ela completar noventa anos, de acordo com Gênesis 17:15). A Bíblia comenta várias vezes sobre como ela era estonteantemente atraente. Em todo lugar que ia, recebia favor e privilégio instantaneamente por causa da sua boa aparência. Esse tipo de coisa pode mimar a melhor das mulheres.

Falando nisso, o relato bíblico da vida de Sara não começa, de fato, até quando ela já tinha 65 anos. Surpreendentemente, mesmo com essa idade, sua beleza física era tão marcante que Abraão regularmente achava que os outros homens poderosos gostariam de tê-la em seu harém, e ele estava certo. Primeiro um faraó, depois um rei, sem perceberem que ela era esposa de Abraão, tinham planos de pagar seu dote para que ela fosse sua esposa. Até hoje, Sara é lembrada pela sua beleza lendária. Uma tradição muçulmana famosa ensina que Sara era parecida com Eva — isso é especialmente importante à luz de outra tradição muçulmana que diz que Alá deu a Eva dois terços de toda a beleza, e depois, dividiu o restante com todas as outras mulheres —, mas não é preciso embelezar o glamour de Sara com fábulas. Só pelo relato bíblico já fica claro que ela era uma mulher extraordinariamente linda.

Desde a época em que se casou com Abraão, Sara desejou algo acima de tudo, que era ter um filho, mas ela foi estéril por todos os seus anos de fertilidade. Na verdade, essa é a primeira coisa que as Escrituras mencionam sobre ela. Depois de registrar que Abraão a desposou, em Gênesis 11:29, o versículo 30 diz: "Ora, Sarai era estéril; não tinha filhos".

Ela obviamente foi torturada por não ter filhos. Todo episódio registrado de mau humor ou conflito dentro de seu lar era relacionado às suas frustrações por sua própria esterilidade. Isso a consumia. Ela passou anos no aperto da frustração e da depressão por causa disso. Queria desesperadamente ser mãe, mas finalmente concluiu que o próprio Deus é quem a tinha impedido de ter filhos (Gênesis 16:2). Sara queria tanto que seu marido tivesse um herdeiro, que elaborou um esquema imoral, injusto e totalmente insensato: ela precipitadamente convenceu a Abraão que se tornasse pai a partir de sua própria escrava doméstica.

De forma previsível, as consequências desse plano tão carnal quase destruíram sua vida e parecia deixar uma cicatriz duradoura na sua personalidade. Sua amargura ferveu por treze anos, e ela finalmente convenceu

Abraão a descartar a outra mulher junto com a criança que havia sido gerada a pedido dela.

Os defeitos de Sara são suficientemente óbvios. Ela certamente era decaída. Sua fé, às vezes, era fraca. Seu próprio coração, às vezes, fazia-lhe perder o rumo. Essas fraquezas eram gritantes e inegáveis. Se tudo o que soubéssemos dela fosse isso, poderíamos ser tentados a retratá-la como uma mulher autoritária, incansavelmente egocêntrica e temperamental. Ela não era sempre o tipo de pessoa que naturalmente desperta simpatia e compreensão.

Felizmente, Sara era muito mais do que isso. Ela tinha qualidades importantes, mesmo, também, tendo defeitos notórios. A Bíblia sempre a elogia por sua fé e firmeza. O apóstolo Pedro recorreu a ela como o modelo principal da maneira pela qual toda mulher deve ser submissa à liderança de seu marido. Ainda que haja esses momentos terríveis de petulância e até mesmo de crueldade, lembremo-nos de que Sara era uma criatura cheia de conflitos e de carne e osso como nós. Sua vida, em geral, caracteriza-se pela humildade, mansidão, hospitalidade, fidelidade, afeto profundo pelo marido, amor sincero com relação a Deus e pela esperança que nunca morre.

Exemplo de contrastes e contradições, Sara era, de fato, uma mulher extraordinária. Apesar de ter dado à luz somente um filho e de não ter sido mãe até bem depois da idade fértil normal, ela é a matriarca principal da história hebraica. Apesar de sua fidelidade perseverante ser um dos aspectos mais exemplares do seu caráter, o erro mais crasso de sua vida envolveu um ato de infidelidade enorme. Às vezes, ela vacilou, mas, no final, perseverou contra os obstáculos incríveis, e a firmeza da sua fé se tornou a característica principal do seu legado. Na verdade, o Novo Testamento a consagra à galeria dos heróis da fé: "porque considerou fiel aquele que lhe havia feito a promessa" (Hebreus 11:11).

O espetáculo completo da fé incrível de Sara não se torna realmente evidente até o momento em que observamos os vários obstáculos aparentemente intransponíveis àquela fé.

Sua criação em Ur dos caldeus

Sara era meia-irmã de seu marido, Abraão. Em Gênesis 20:12, Abraão descreve para o rei Abimeleque o parentesco com a sua mulher: "Na verdade ela é minha irmã por parte de pai, mas não por parte de mãe; e veio a ser minha mulher". Terá era pai dos dois, e Sara era dez anos mais nova que Abraão (Gênesis 17:17). Não se sabe o nome de nenhuma das mães deles.

A propósito, esse tipo de relacionamento conjugal de meios-irmãos não era considerado incestuoso na época de Abraão. O irmão de Abraão, Naor, casou-se com uma sobrinha; e tanto Isaque quanto Jacó se casaram com primas. Esses casamentos com parentes próximos estavam longe de ser incomuns ou escandalosos na época dos patriarcas — igualmente nas épocas anteriores, estendendo-se até a criação. Obviamente, já que Adão e Eva eram os únicos homens que Deus criou de forma original, foi essencial no princípio que alguns descendentes de Adão se casassem com seus próprios irmãos.

As Escrituras não fizeram restrição alguma contra casamentos consanguíneos (o matrimônio entre parentes próximos) até bem depois da época de Abraão. Sem dúvida, uma das principais razões de o Senhor ter proibido, finalmente, essa prática, foi por causa do acúmulo de mutações na herança genética humana. Quando você começa com duas pessoas geneticamente perfeitas, não há risco algum de defeitos hereditários. Foi bem aos poucos que surgiram os perigos associados à consanguinidade. Por isso, não houve proibição alguma contra o incesto até a época de Moisés. Levítico 18:6-18 e 20:17-21 proibiu categoricamente vários tipos de incesto, incluindo o casamento entre meios-irmãos, mas os patriarcas não devem ser avaliados por leis que só foram transmitidas depois de muitas gerações. Não era pecado para Abraão tomar Sara como esposa.

As Escrituras não dizem praticamente nada sobre os anos iniciais de seu casamento. Na verdade, tudo o que sabemos sobre aquela época da vida deles era a verdade amarga que foi perpetuamente gravada na consciência da própria Sara: "Ora, Sarai era estéril; não tinha filhos" (Gênesis 11:30). Essa afirmação resume tudo o que a Bíblia tem a dizer sobre os primeiros 65 anos da vida de Sara! Não é à toa que ela tinha momentos de frustração e ressentimento de vez em quando.

Observe que o relato bíblico da vida de Abraão, de forma semelhante, não se inicia, de fato, até ele completar 75 anos. Tudo o que sabemos é que eles nasceram e foram criados na Suméria, na baixa Mesopotâmia, perto da confluência dos rios Tigre e Eufrates. Essa região fica próxima da cabeceira do Golfo Pérsico, que constitui parte do Iraque atual. A cidade natal de Abraão era um centro urbano conhecido como Ur dos Caldeus.

Ur era o centro de uma cultura pagã sofisticada. Sara e Abraão certamente moraram lá durante o apogeu do seu poder e riqueza. O governo da cidade era uma teocracia supersticiosa supostamente sob a autoridade do deus lua babilônico. Essa era a mesma cultura que construiu os famosos zigurates, torres escalonadas sobre as quais eram erigidos os templos pagãos. Abraão pode ter tido algum conhecimento sobre o Deus verdadeiro transmitido por meio de seus antepassados. Afinal de contas, ele era somente da nona geração depois de Sem, filho de Noé, mas, por ter crescido em uma cultura pagã, ele mesmo tinha sido pagão até que o Senhor o mandou sair de Ur (Josué 24:2).

É óbvio que as culturas mundiais do tempo de Abraão eram altamente paganizadas. Mesmo antes do episódio da torre de Babel, o amor pela verdade estava realmente em queda livre por muitas gerações. Na época em que Abraão entra em cena, a adoração idólatra dominava completamente todas as culturas mundiais.

Entretanto, ainda havia um remanescente disperso de verdadeiros crentes. É totalmente provável que houvesse famílias fiéis espalhadas em meio à população que ainda conheciam e adoravam a YHWH, tendo mantido sua fé através das gerações desde a época de Noé. Por exemplo, a julgar pelos detalhes trazidos pelo livro de Jó, incluindo a duração de sua vida, ele era praticamente um contemporâneo de Abraão. Jó e seus amigos — apesar de serem péssimos conselheiros — tinham um conhecimento abrangente do Deus de seus antepassados. Eles moravam na terra de Uz. Não se sabe ao certo a localização exata dessa cidade, mas ela claramente ficava no Oriente Médio (Jeremias 25:20), mesmo não sendo na vizinhança de Ur dos Caldeus, onde a família de Abraão morava. Portanto, o remanescente que ainda adorava a YHWH não se restringia a um só local ou a uma só família.

Na verdade, no relato bíblico da vida de Abraão, também somos apresentados a Melquisedeque (Gênesis 14:18). Ele representava uma ordem de sacerdotes itinerantes que conheciam o Deus verdadeiro e o serviam. Abraão conheceu Melquisedeque em algum lugar da região do mar Morto.

Claramente, alguns dos vários remanescentes fiéis à adoração de YHWH, *de fato,* existiam na época de Abraão.

O propósito de Deus na escolha e na chamada de Abraão era fazer dele o pai de uma grande nação que seria sua testemunha para o mundo. Essa nação, Israel, teria uma aliança formal com YHWH. Por meio dela, a verdade seria mantida viva e seria preservada perpetuamente. A Bíblia diz que "os oráculos de Deus" foram confiados a eles (Romanos 3:2), ou seja, que os profetas surgiriam da nação que veio de Abraão. Por meio deles, as Escrituras seriam entregues ao mundo. Deus habitaria no meio deles e erigiria o seu santuário entre eles. Pela sua linhagem surgiria um Libertador, o Messias, e nele todas as nações seriam abençoadas (Gênesis 18:18).

Sara, obviamente, tinha um papel importante nesse plano. Abraão nunca poderia ser o patriarca de uma grande nação se ela não fosse a mãe de sua descendência. Ela, certamente, tinha noção das promessas de Deus a Abraão. No entanto, enquanto continuasse sem filhos, a sensação de que tudo, de algum modo, dependia dela deve ter exercido uma pressão sobre si, como um grande fardo em seus ombros.

Sua jornada rumo à terra da promessa

Aparentemente, enquanto Abraão ainda era moço e morava em Ur, o Senhor falou com ele, dizendo: "Saia da sua terra, do meio dos seus parentes e da casa de seu pai, e vá para a terra que eu lhe mostrarei" (Gênesis 12:1).

Abraão obedeceu, e Hebreus 11:8 o elogia pela sua obediência: "Pela fé Abraão, quando chamado, obedeceu e dirigiu-se a um lugar que mais tarde receberia como herança, embora não soubesse para onde estava indo". Porém, a jornada era longa e lenta. Parece que Abraão não se separou imediatamente de sua família e da casa de seu pai. Em vez disso, levou o pai com ele. A princípio, Abraão pode ter sido relutante em romper os laços com Terá.

Na verdade, pelo modo como as Escrituras contam a primeira parte da peregrinação de Ur dos Caldeus, parece que o pai de Abraão, Terá, ainda estava agindo como o cabeça da família estendida. "Terá tomou seu filho Abrão, seu neto Ló, filho de Harã, e sua nora Sarai, mulher de seu filho Abrão, e juntos partiram de Ur dos Caldeus para Canaã. Mas, ao chegarem a Harã, estabeleceram-se ali" (Gênesis 11:31). Claramente, Terá ainda estava no comando. A Bíblia o retrata como líder da jornada, com Abraão, Sara e Ló a reboque.

No entanto, a primeira parte longa da jornada terminou em Harã, a mais de mil quilômetros a noroeste, seguindo, a grosso modo, o curso do rio Eufrates. Talvez Terá estivesse velho demais para seguir viagem. Não sabemos por quanto tempo Abraão e Sara permaneceram em Harã, mas eles não saíram de lá até a morte de seu pai, e isso com certeza levou algum tempo. A Escritura diz que Terá tinha mais de duzentos anos de idade quando morreu, e Abraão tinha 75 anos quando finalmente saiu de Harã rumo à Terra Prometida.

Isso significa que Sara já tinha 65 anos, a idade considerada pela maioria como a ideal para se aposentar. Sara não era, de forma alguma, uma mulher *jovem*, até mesmo pelos padrões da era patriarcal, quando as pessoas, obviamente, viviam muito mais e continuavam ágeis, saudáveis e fortes bem depois dos sessenta anos. A vida nômade parecia difícil para alguém com 65 e, além do mais, não há nenhum sinal de que ela tinha alguma relutância ou não estivesse disposta a ir com Abraão para uma terra que nenhum dos dois tinha visto.

Na verdade, o que sabemos de Sara sugere que, longe de reclamar, ela foi com disposição, alegria e entusiasmo junto com Abraão. Ela era totalmente dedicada ao seu marido. Sabendo que Deus queria fazer dele o pai de uma grande nação, ela desejava profunda e sinceramente dar à luz à criança que colocaria esse processo em ação.

Ao sair de Harã, depois de sepultar o seu pai, Abraão ainda tinha uma caravana bem grande. A Bíblia nos diz: "Levou sua mulher Sarai, seu sobrinho Ló, todos os bens que haviam acumulado e os seus servos, comprados em Harã; partiram para a terra de Canaã e lá chegaram" (Gênesis 12:5).

Esse relato sugere que a parte final da jornada rumo a Canaã foi direta e sem interrupções. Ela consistiu em um pouco mais de 560 quilômetros a pé (fazendo a jornada desde Ur totalizar mais de 1600 quilômetros). Com uma grande caravana, deslocando-se de treze a dezesseis quilômetros em um dia típico, a viagem de Harã para Canaã teria levado somente de seis a sete semanas. Abraão não parece ter parado até chegar a Betel, uma área fértil com fontes abundantes.

O primeiro feito de Abraão ao chegar lá foi construir um altar de pedra. Naquela época, o Senhor também apareceu a Abraão. Ele ampliou suas promessas originais a ele nesse momento, acrescentando que daria toda a terra circunvizinha aos seus descendentes. Apesar de Abraão e Sara continuarem nômades e ociosos pelo restante dos seus dias, esse lugar, e o seu altar, permaneceram como a âncora deles. (Esse também era o mesmo lugar onde o neto de Abraão, Jacó, teria um encontro com YHWH e teria aquele sonho famoso sobre uma escada que chegava ao céu).

No entanto, as circunstâncias rapidamente forçaram Abraão a continuar a viagem rumo ao sul. "Houve fome naquela terra, e Abrão desceu ao Egito para ali viver algum tempo, pois a fome era rigorosa" (Gênesis 12:10). Foi naquele lugar que, pela primeira vez, Abraão tentou apresentar Sara como sua irmã. Ele fez isso por medo de que, se Faraó soubesse que ela era sua esposa, ele poderia matá-lo para desposar Sara. A grande fé de Abraão vacilou de alguma forma nesse momento. Ele sucumbiu ao medo dos homens. Se tão somente tivesse confiado, Deus teria protegido Sara (como, de qualquer modo, ele acabou fazendo).

Porém, as Escrituras dizem que antes mesmo de eles entrarem no Egito, Abraão conversou com Sara sobre os perigos que esse lugar apresentava para um homem com uma mulher bonita. "Quando os egípcios a virem, dirão: 'Esta é a mulher dele'. E me matarão, mas deixarão você viva" (Gênesis 12:12), e, assim, diante da sugestão de Abraão, ela concordou se apresentar como sua irmã (v. 13). A motivação de Abraão era egoísta e covarde, e o esquema refletia uma fraqueza séria na sua fé, mas a devoção de Sara a seu marido, mesmo assim, é recomendável, e Deus a honrou por isso.

Os mordomos de Faraó a viram e a recomendaram para Faraó, trazendo-a para a sua casa. As Escrituras dizem que Faraó demonstrou graça para o "irmão" Abraão por causa de Sara, ampliando seu rebanho, aparentemente preparando o caminho para pedir a mão dela em casamento (v. 16). Enquanto isso, pela providência de Deus, Faraó não a violou (v. 19). Para garantir que ele não fizesse isso, o Senhor perturbou a casa de Faraó com "grandes pragas" (v. 17).

De algum modo, Faraó descobriu a razão das pragas, e ele confrontou Abraão com o seu engano, expulsando o patriarca e a sua esposa do Egito (Gênesis 12:19-20). Mesmo assim, Faraó, preocupado com coisas mais urgentes, não fez nenhum mal aos dois, e, quando Abraão saiu do Egito, o favor de Faraó com relação a Sara tinha feito de Abraão um homem bem rico (Gênesis 13:2). Ele e Sara voltaram a Betel, "onde, pela primeira vez, tinha construído um altar. Ali Abrão invocou o nome do Senhor" (13:4).

A partir daí, o próprio Senhor seria a sua habitação. Junto com Sara, ele "peregrinou na terra prometida como se estivesse em terra estranha; viveu em tendas... [enquanto] ele esperava a cidade que tem alicerces, cujo arquiteto e edificador é Deus" (Hebreus 11:9-10). Esse é um resumo tão bom como a vida terrena que Sara herdou quando ela caminhou em fé para seguir seu marido: uma inconveniência terrena, suavizada pela promessa de bênção eterna.

Seu anseio pela bênção prometida

Lembre-se de que tanto Abraão quanto Sara vieram de um ambiente urbano. Não eram, como geralmente se supõe, nômades ou beduínos por vagarem por toda a vida, sendo tudo o que sabiam fazer. Tenha em mente que eles não tinham começado a peregrinar até Abraão ter mais de setenta anos e Sara, mais de sessenta. Sara não estava acostumada com a vida na estrada; era uma coisa para a qual teve de se habituar.

O que alimentava a disposição de Sara de sair de toda a vizinhança conhecida, cortar os laços de família e se dedicar a uma vida de peregrinação sem raízes?

Observe o caráter da promessa imensa que Deus tinha feito a Abraão:

> "Farei de você um grande povo, e o abençoarei. Tornarei famoso o seu nome, e você será uma bênção. Abençoarei os que o abençoarem, e amaldiçoarei os que o amaldiçoarem; e por meio de você todos os povos da terra serão abençoados." (Gênesis 12:2-3)

Essa é a primeira referência registrada à aliança abraâmica, um pacto formal que Deus fez com Abraão e com seus descendentes para sempre.

A promessa de Deus era incondicional e, literalmente, ilimitada quanto às suas bênçãos. Deus abençoaria Abraão, faria dele uma bênção e um veículo por meio qual a bênção viria a todo o mundo (Gálatas 3:9-14). A bênção prometida até tinha consequências eternas.

Em outras palavras, a redenção do pecado e o meio de salvação do julgamento divino era um elemento integral da promessa (Gálatas 3:8, 16-17). Sara entendeu a promessa. De acordo com a Bíblia, ela creu nela.

A partir da perspectiva do Novo Testamento, sabemos, sem sombra de dúvidas, que o concerto que Deus fez com Abraão era uma afirmação da mesma promessa messiânica que já havia sido feita com Eva no jardim, quando ele declarou que sua semente esmagaria a cabeça da serpente. Do mesmo modo que Cristo era a Semente da mulher que vence a serpente, ele também é a Semente de Abraão, pela qual todo o mundo seria abençoado. Paulo escreveu: "Assim também as promessas foram feitas a Abraão e ao seu descendente. A Escritura não diz: 'E aos seus descendentes', como se falando de muitos, mas: 'Ao seu descendente', dando a entender que se trata de um só, isto é, Cristo" (Gálatas 3:16). Essa mesma promessa é o tema central que se estende por toda o Evangelho, desde Gênesis 3 até o seu cumprimento final nos capítulos que encerram o Apocalipse.

Abraão foi o canal humano pelo qual o mundo veria o derramamento do plano redentor de Deus. Ele entendeu isso. Sara também entendeu, e a abraçou. Ela "considerou fiel aquele que lhe havia feito a promessa" (Hebreus 11:11).

No entanto, apesar da sua fé, ela sabia, pela perspectiva humana, que seus longos anos de esterilidade já eram motivo de grande preocupação, como uma ameaça contra o cumprimento do pacto divino. Sara deve ter refletido constantemente sobre essas coisas e, à medida que o tempo ia passando, o peso do seu fardo só aumentava.

Mesmo assim, Deus continuava a lhe dar razões para ter esperança. Em Gênesis 15:7-21, YHWH reafirmou e ampliou sua promessa a Abraão, depois confirmou formalmente a aliança. É importante que o versículo 12 diz que um sono profundo caiu sobre Abraão; depois, o Senhor, por si só, deu andamento à cerimônia do pacto. (A propósito, a palavra hebraica usada no versículo 12 é a mesma que descreve o "sono profundo" que Adão teve quando o Senhor extraiu sua costela para criar Eva). Esse detalhe sobre o sono de Abraão é relatado para destacar que a aliança é completamente incondicional. A aliança era uma promessa unilateral de Deus a Abraão sobre o que ele, YHWH, faria. Ele não exigiu nada de Abraão nem de Sara. Era uma aliança completamente unilateral.

Se Sara simplesmente tivesse percebido essa verdade e aceitado, todo o seu fardo teria imediatamente caído de seus ombros.

Sua insensatez na questão de Hagar

Em vez disso, Sara decidiu elaborar um esquema que era tão insensato e tão completamente carnal, que ela se arrependeu disso pelo resto de sua vida. Na verdade, as consequências perversas desse ato, em particular, tiveram desdobramentos inacreditavelmente profundos. Francamente, alguns conflitos que observamos no Oriente Médio nos dias atuais têm sua origem no esquema imprudente para tentar arranjar uma solução humana para seu dilema.

De forma justa, a partir de um ponto de vista completamente humano, podemos entender o desespero de Sara. Passaram-se dez anos de esterilidade depois que Abraão e Sara chegaram em Canaã (Gênesis 16:3). Sara, naquela época, tinha 77 anos, havia passado pela menopausa e ainda não tinha filhos. Se Deus planejava fazer dela a mãe do herdeiro de Abraão, por que isso ainda não acontecera? Era natural para ela pensar que Deus estava se recusando a lhe dar filhos. Na verdade, ele estava mesmo. Quando chegou o tempo dele para que a promessa se cumprisse, ninguém seria capaz de negar que foi realmente obra de Deus. Seu plano, em todo o tempo, era que Sara tivesse seu primeiro filho na velhice, depois que toda perspectiva de um cumprimento natural da profecia fosse esgotada e depois que toda razão terrena para ter esperança tivesse morrido completamente. Desse modo, YHWH demonstraria o seu poder.

Porém, enquanto refletia sobre as suas circunstâncias, Sara chegou à conclusão de que um tipo de maternidade substitutiva seria a única solução possível para sua situação difícil. Se a promessa de Deus a Abraão fosse se cumprir em algum momento, ele tinha de ter filhos de alguma maneira.

Foi assim que Sara tomou a iniciativa de tentar arquitetar um cumprimento da promessa divina a Abraão. Sem saber, ela quis assumir o papel de Deus.

Sara tinha uma serva chamada Hagar, que fora adquirida durante o seu tempo no Egito. Ela aparentemente achou que, já que Hagar era de sua propriedade, se Abraão tivesse um filho com ela, ele, na prática, seria de Sara. Sara "disse a Abrão: 'Já que o Senhor me impediu de ter filhos, possua a minha serva; talvez eu possa formar família por meio dela'. Abrão atendeu à proposta de Sarai" (Gênesis 16:2).

Esse foi o primeiro caso de poligamia registrado na Bíblia envolvendo um homem justo. O primeiro bígamo, no registro bíblico, tinha sido Lameque (Gênesis 4:19). Ele era um descendente ruim de Caim. (Ele não deve ser confundido com outro Lameque, descrito em Gênesis 5:25-29, que era pai de Noé e que descendia da linhagem de Sete).

Abraão tomou uma concubina, a pedido de sua esposa. "Sarai, sua mulher, entregou sua serva egípcia Hagar a Abrão" (Gênesis 16:3). Esse foi um precedente infeliz para um patriarca de uma nação abrir. Nas gerações seguintes, Jacó seria enganado pelo seu tio para casar-se tanto com Leia quanto com Raquel (29:23-31); Davi teria concubinas (2Samuel 5:13) e Salomão levaria a poligamia a um extremo quase inacreditável, mantendo um harém com mais de mil mulheres (1Reis 11:1-3).

Mas o desígnio de Deus para o casamento era a monogamia desde o princípio. "O homem deixará pai e mãe e se unirá à sua mulher, e *os dois* se tornarão *uma só carne*" (Mateus 19:4-5, destaque nosso). Paulo, de modo semelhante, explicou claramente qual é o ideal de Deus para o casamento: "Cada um deve ter *sua esposa*, e cada mulher *o seu próprio marido*" (1Coríntios 7:2, destaque nosso). A desobediência a esse padrão sempre levou a péssimas consequências. O coração polígamo de Davi o levou ao pecado com Bate-Seba. O desejo de Salomão de possuir várias mulheres o destruiu e dividiu o seu reino (1Reis 11:4). Nada de bom veio de qualquer violação do princípio da monogamia, de "uma só carne". A união de Abraão com Hagar não foi diferente.

Logo que Hagar ficou grávida, Sara descobriu que isso tinha sido um grave engano. De uma hora para outra, sua serva tornou-se arrogante e briguenta. "Quando [Hagar] se viu grávida, começou a olhar com desprezo para a sua senhora" (Gênesis 16:4).

Nessa passagem, então, vemos o primeiro surto de Sara: "Caia sobre você a afronta que venho sofrendo. Coloquei minha serva em seus braços, e agora que ela sabe que engravidou, despreza-me. Que o Senhor seja o juiz entre mim e você!" (Gênesis 16:5).

É verdade que Sara estava sendo ridícula. Todo esse plano sórdido foi, afinal de contas, sua grande ideia. Sim, como cabeça espiritual do lar, Abraão deveria ter rejeitado o plano de Sara na hora — mas, mesmo assim, não é muito justo colocar toda a culpa nele. Por outro lado, essa crise de Sara foi provocada por Hagar de propósito. O seu tratamento desrespeitoso a Sara era completamente indesculpável. Sem sombra de dúvida, Hagar sabia muito bem sobre a tristeza extrema que ela tinha por causa de sua esterilidade. Naquele momento, ela estava colocando sal na ferida de Sara de propósito. Já que Hagar era a serva e Sara estava no comando, esse foi o tipo mais descarado de desaforo proposital.

Uma parte do livro de Provérbios lida exatamente com essa situação:

> Três coisas fazem tremer a terra,
> e quatro ela não pode suportar:
> o escravo que se torna rei,
> o insensato farto de comida,
> a mulher desprezada que por fim se casa,
> e a escrava que toma o lugar de sua senhora. (30:21-23)

A verdade, no entanto, é que todas as partes envolvidas nessa questão eram culpadas, e todas elas acabaram colhendo frutos amargos do que semearam.

Abraão reconheceu a legitimidade da denúncia de Sara. Ele poderia ter sido sábio para se envolver como mediador e buscar uma solução que fosse justa para as duas mulheres, mas diante da disposição de Sara naquele momento, ele fez o que a maioria dos maridos provavelmente fariam e simplesmente deixou Sara lidar com Hagar à sua própria maneira. "Respondeu Abrão a Sarai: 'Sua serva está em suas mãos. Faça com ela o que achar melhor'. Então, Sarai tanto maltratou Hagar que esta acabou fugindo" (Gênesis 16:6).

Para entender a frustração extrema de Sara, vamos seguir Hagar por um momento. Observe primeiro que, apesar de Sara ter maltratado sua serva, o Senhor demonstrou uma graça extrema com Hagar. O Anjo do Senhor a acompanhou. Com toda a probabilidade, esse não era um anjo criado, mas uma manifestação visível de YHWH, em forma de anjo ou de homem. (Sou inclinado a pensar que esse Anjo era, na verdade, o Filho de Deus antes de vir ao mundo. Encontramos esse mesmo anjo várias vezes no Antigo Testamento, inclusive em Gênesis 22:11-18; Êxodo 3:2-5 e 1Reis 19:5-7). Observe que ele falou a Hagar na primeira pessoa como YHWH, e não na terceira, como um mensageiro angélico falando em nome de YHWH faria.

Suas palavras a Hagar foram gentis e cheias de misericórdia. Ele primeiramente a abordou perguntando de onde ela vinha e para onde ia. No entanto, dirigiu-se diretamente a ela como "Hagar, serva de Sara", tanto para deixar claro que ele sabia exatamente quem ela era quanto para recordá-la do seu dever. Então, para esclarecer mais ainda, quando Hagar respondeu com verdade, o Anjo disse: "Volte à sua senhora e sujeite-se a ela" (Gênesis 16:9). Como uma serva legalmente contratada, ela não tinha o direito de fugir, e precisava voltar de forma humilde e ser obediente.

Foi então que o Anjo fez uma promessa incrível e completamente espontânea a Hagar: "Multiplicarei tanto os seus descendentes que ninguém os poderá contar" (Gênesis 16:10). Profeticamente, ele descreveu seu filho, que ainda estava para nascer, dizendo que ela o chamaria de Ismael e que ele seria selvagem, e viveria em hostilidade contra todos os seus irmãos (16:12).

Ela, em contrapartida, o reconheceu com um nome único: "El-Roí", ou "o Deus que vê", uma referência ao olho onisciente que a seguiu e a acompanhou mesmo quando ela tentou se esconder (16:13).

Entretanto, considere isto: Sara nunca teria recebido essa promessa de Deus. A fé de Sara residia nas promessas que Deus tinha feito a Abraão. Até esse momento, Sara nunca tinha sido mencionada na aliança que Deus fez com ele. Deus já tinha confirmado a sua promessa com Abraão em nada menos que três momentos importantes. Na primeira, tinha dito a Abraão que ele seria pai de uma grande nação (12:3). Depois, prometeu fazer da semente de Abraão como o pó da terra — "Se for possível contar o pó da terra, também se poderá contar a sua descendência" (13:16). Quando Abraão, posteriormente, relembrou ao Senhor que lhe faltava um herdeiro legítimo, Deus prometeu mais uma vez que a semente de Abraão seria como as estrelas do céu (15:1-6).

Em nenhuma dessas ocasiões Deus tinha afirmado claramente que Sara seria a matriarca da nação em questão. Essa era a sua esperança e a sua expectativa, mas o que o episódio com Hagar mostra é que a esperança de Sara estava começando a se desfazer. Ela estava desanimando cada vez mais.

Sua perseverança em meio aos anos de silêncio

Quando Ismael nasceu de Hagar, a Bíblia diz que Abraão tinha 86 anos. (Gênesis 16:16). Mais treze anos frustrantes se passaram para Sara depois disso. Ela continuou estéril. Naquela época, ela tinha 89 anos. Seu marido estava para celebrar o seu aniversário de cem anos. Se sua esperança não estivesse completamente abalada, só lhe restava um pequeno fio.

É nesse momento que a grandeza da fé de Sara transparece. Ela tinha abrigado secretamente a esperança por tanto tempo. Os anos vinham e se passavam. Naquele momento, ela já estava bem idosa, e, não importando com que frequência ela e Abraão tinham tentado ter filhos, a promessa *ainda* não tinha se cumprido. A maioria das mulheres teria desistido bem antes disso. Uma mulher mais fraca teria desistido de ver a promessa de YHWH se cumprir e, em vez disso, teria se voltado ao paganismo, mas somos relembrados, mais uma vez, que Sara "considerou fiel aquele que lhe havia feito a promessa" (Hebreus 11:11). Foi isso que fez dela uma mulher tão extraordinária.

Por fim, quando Abraão tinha 99 anos, o Senhor apareceu a ele novamente e renovou a aliança mais uma vez. Essa foi uma reafirmação importante da aliança. A passagem é extensa, e não há espaço suficiente para abordá-la com detalhes, mas o Senhor novamente reiterou e ampliou as promessas vitais que ele tinha feito a Abraão. Toda vez que as promessas vinham, elas cresciam: "De minha parte, esta é a minha aliança com você. Você será o pai de muitas nações" (Gênesis 17:4). Não apenas de uma grande nação; não simplesmente descendentes tão numerosos como as estrelas ou como o pó, mas "muitas nações". Para esse homem idoso que tinha conseguido ser pai de apenas um filho — e por meios não muito honrosos —, Deus disse: "Eu o tornarei extremamente prolífero; de você farei nações e de você procederão reis (17:6).

Também foi nesse momento que Deus deu a Abraão o seu nome, mudando o seu nome de nascimento, *Abrão* (17:5), que significa "pai exaltado", para *Abraão*, que significa "pai de muitas nações".

O Senhor também ampliou formalmente a aliança abraâmica pelas gerações, transformando toda a terra de Canaã numa "propriedade perpétua" para a descendência de Abraão para sempre (17:7-8). Por fim, Deus deu a Abraão o sinal da circuncisão, dando instruções sobre como ela deveria ser realizada (17:10-14). A circuncisão passou a ser o sinal e o selo formal da aliança. Tudo o que fazia parte da aliança tomou o seu lugar.

De forma importante, no início do capítulo, YHWH se revelou a Abraão com um novo nome: "Deus Todo-poderoso", *El Shaddai* em hebraico (17:1). O nome destacava de propósito a onipotência de Deus. Depois de ouvir essas promessas tantas vezes, Abraão devia estar pensando se ele chegaria a ver o filho que personificava o cumprimento das promessas. O nome era um lembrete sutil para Abraão de que nada era difícil demais para Deus.

Tendo dito tudo isso, o Senhor mudou o assunto para Sara. Registra-se pela primeira vez que ele associou o nome de Sara às promessas da aliança:

> Disse também Deus a Abraão: 'De agora em diante sua mulher já não se chamará *Sarai* ["minha princesa"]; seu nome será *Sara* ["Princesa"]. Eu a abençoarei e também por meio dela darei a você um filho. Sim, eu a abençoarei e dela procederão nações e reis de povos'" (17:15-16).

Ao tirar o pronome possessivo "minha", o Senhor estava tirando o aspecto restritivo do seu nome, já que ela era a antepassada de muitas nações.

Não há indicação de que Sara estivesse presente para ouvir isso; o contexto sugere que não. Não temos certeza de que ela tenha ouvido falar sobre isso de Abraão na primeira oportunidade que teve. Observe a sua reação: "Abraão prostrou-se, rosto em terra; riu-se e disse a si mesmo: 'Poderá um homem de cem anos de idade gerar filhos? Poderá Sara dar à luz aos noventa anos?'" (17:17). Havia tanto alívio e felicidade no riso quanto incredulidade. Com certeza podemos entender o espanto de Abraão, talvez até tingido com um grau de incerteza, mas não confunda isso com dúvida. Em Romanos 4:20-21, o apóstolo Paulo, falando desse momento em particular, diz que Abraão "não duvidou nem foi incrédulo em relação à promessa de Deus, mas foi fortalecido em sua fé e deu glória a Deus, estando plenamente convencido de que ele era poderoso para cumprir o que havia prometido".

Abraão também suplicou a Deus para que não ignorasse a Ismael, que naquela época tinha treze anos e que sem dúvida era amado por seu pai: "E Abraão disse a Deus: 'Permite que Ismael seja o meu herdeiro!'" (Gênesis 17:18).

O Senhor imediatamente reafirmou sua promessa referente a Sara: "Na verdade Sara, sua mulher, lhe dará um filho, e você lhe chamará Isaque. Com ele estabelecerei a minha aliança, que será aliança eterna para os seus futuros descendentes" (v. 19). O filho de Sara, não o de Hagar, seria o filho no qual as promessas da aliança teriam seu cumprimento (Gálatas 4:22-28).

O Senhor ainda tinha algo a dizer:

> E no caso de Ismael, levarei em conta o seu pedido. Também o abençoarei; eu o farei prolífero e multiplicarei muito a sua descendência. Ele será pai de doze príncipes e dele farei um grande povo. Mas a minha aliança, eu a estabelecerei com Isaque, filho que Sara lhe dará no ano que vem, por esta época." (Gênesis 17:20-21)

Pela primeira vez, nesse momento, havia uma promessa, com uma data fixa, garantindo a Sara o seu lugar na aliança. Com isso, o diálogo terminou, e a Bíblia diz simplesmente que "ele subiu e retirou-se da presença de Abraão" (v. 22).

Abraão deve ter encontrado Sara rapidamente e relatado a ela tudo o que o Senhor disse. Qualquer que tenha sido a reação dela, ela, com certeza, entendeu que Abraão creu na promessa, porque ele imediatamente foi circuncidado, e fez com que todos em sua casa fossem também circuncidados "tanto os nascidos em casa como os comprados de estrangeiros" (vv. 23-27).

Sua alegria diante do cumprimento da promessa

Na vez seguinte que o Senhor apareceu a Abraão, um dos seus propósitos claros foi de renovar a promessa com relação a Sara, de modo que ela pudesse escutar com os seus próprios ouvidos. A passagem de Gênesis 18 descreve como o Senhor visitou Abraão com dois anjos. Abraão os viu de longe, e, talvez antes de perceberem quem eles eram, pediu imediatamente a Sara que começasse a preparar uma refeição para eles. Ele "prometeu-lhes um pouco d'água... e um pedaço de pão", mas ele realmente mandou matar um bezerro e lhes deu uma festa (Gênesis 18:4-8). A disposição de Sara para receber os convidados de forma tão cuidadosa com tão pouca antecedência é uma das marcas da sua submissão a Abraão mencionada pelo apóstolo Pedro, quando indicou Sara como um modelo para as esposas. Pedro escreveu: "Pois era assim que também costumavam adornar-se as santas mulheres do passado, que colocavam a sua esperança em Deus. Elas se sujeitavam a seus maridos, como Sara, que obedecia a Abraão e lhe chamava senhor" (1Pedro 3:5-6). Esse é justamente o exemplo a que Pedro se referia. Na verdade, enquanto Sara geralmente é retratada como sendo submissa a Abraão, em Gênesis 18:12 temos a única passagem no Antigo Testamento onde ela se dirigiu a ele como "meu senhor".

Enquanto eles estavam fazendo sua refeição, os homens perguntaram: "Onde está Sara, sua mulher?" (Gênesis 18:9).

"Ali na tenda", Abraão respondeu, confirmando que ele sabia que ela poderia ouvir o que eles conversavam. A Bíblia descreve os detalhes da conversa que se seguiu:

> Então disse o Senhor: "Voltarei a você na primavera, e Sara, sua mulher, terá um filho". Sara escutava à entrada da tenda, atrás dele. Abraão e Sara já eram velhos, de idade bem avançada, e Sara já tinha passado da idade de ter filhos. Por isso riu consigo mesma, quando pensou: "Depois de já estar velha e meu senhor já idoso, ainda terei esse prazer?" Mas o Senhor disse a Abraão: "Por que Sara riu e disse: 'Poderei real-

> mente dar à luz, agora que sou idosa?' Existe alguma coisa impossível para o Senhor? Na primavera voltarei a você, e Sara terá um filho". Sara teve medo, e por isso mentiu: "Eu não ri". Mas ele disse: "Não negue, você riu." (Gênesis 18:10-15)

O riso de Sara, igual ao riso anterior de Abraão, parece ter sido uma exclamação de alegria e espanto em vez de dúvida. Mesmo assim, quando o Senhor perguntou: "Por que Sara riu?", ela negou. Essa negação foi motivada pelo medo. Ela teve medo porque ela não tinha rido alto, mas "consigo mesma". Logo que percebeu que esse estranho tinha um conhecimento do seu coração tão firme e completo, ela soube no mesmo instante e com certeza que era o Senhor.

O ano seguinte foi um ano difícil e ocupado para Abraão e Sara. Foi o ano que Deus destruiu Sodoma e Gomorra (Gênesis 18:16 a 19:29) e no qual Abraão fez uma jornada para o sul novamente, dessa vez rumo à terra governada por Abimeleque, rei de Gerar. Sara, apesar de estar agora com noventa anos, ainda era bonita o suficiente para despertar a paixão de um rei. O que tinha acontecido no Egito, 25 anos antes, repetiu-se. Abraão tentou novamente apresentar Sara como sua irmã, e Abimeleque, apaixonado por sua beleza, começou a segui-la, mas Deus poupou a Sara, avisando Abimeleque, em sonho, que ela era esposa de Abraão (Gênesis 20:3). A Bíblia destaca o fato de que Abimeleque não teve a permissão de Deus para tocá-la (20:6), para que não houvesse dúvida alguma sobre de quem era a criança que ela logo daria à luz.

Abimeleque, tendo sido atemorizado quando YHWH apareceu a ele no sonho, foi gracioso com Abraão e Sara. Ele encheu Abraão de presentes e disse: "Minha terra está diante de ti; podes ficar onde quiseres" (20:15). Ele disse a Sara: "Estou dando a seu irmão mil peças de prata, para reparar a ofensa feita a você diante de todos os seus; assim todos saberão que você é inocente" (20:16).

Imediatamente após esse incidente, de acordo com a Bíblia, "o Senhor foi bondoso com Sara, como lhe dissera, e fez por ela o que prometera. Sara engravidou e deu um filho a Abraão em sua velhice, na época fixada por Deus em sua promessa" (21:1-2). Sara o chamou de Isaque, que significa "riso". E Sara disse: "Deus me encheu de riso, e todos os que souberem disso rirão comigo" (21:6). Foi assim que ela confessou a risada que tinha tentado negar anteriormente.

Passamos a ter uma ideia melhor do caráter real de Sara pelo fato de que ela enxergou um humor verdadeiro no modo pelo qual Deus a tratou. "Quem diria a Abraão que Sara amamentaria filhos? Contudo, eu lhe dei um filho em sua velhice!" (v.7). Apesar de suas explosões de vez em quando e suas dificuldades com o desânimo, Sara continuou uma mulher essencialmente bem-humorada. Depois daqueles longos anos de frustração, ela ainda podia apreciar a ironia e se divertir com a comédia de ser mãe com uma idade tão avançada. A ambição de sua vida tinha se realizado, e a lembrança dos anos de decepção amarga rapidamente desapareceu de vista. Deus realmente tinha sido fiel.

Sua dureza no tratamento com Ismael

Sara desempenha um papel importante em mais um episódio relatado nas Escrituras. Isaque finalmente tinha sido desmamado — e, a partir do que sabemos de sua cultura, ele seria uma criança bem pequena, provavelmente de dois ou três anos de idade. A Bíblia diz: "No dia em que Isaque foi desmamado, Abraão deu uma grande festa" (21:8). Era tempo de celebração, mas algo aconteceu que foi a gota d'água para Sara em sua grande dificuldade de aceitar Hagar como concubina de Abraão. Ela viu Ismael rindo de Isaque (v.9). A Bíblia não diz o motivo pelo qual Ismael ria. Provavelmente tenha sido por alguma razão tola ou infantil. Como todo pai pode confirmar, esse comportamento não está muito fora do normal para um filho com a idade de Ismael. Ele provavelmente não tinha mais de catorze anos na época, acabando de sair da infância para a juventude — com idade suficiente para ser responsável pelo seu próprio comportamento, mas com pouca idade para ser sábio.

No entanto, isso foi mais do que Sara podia suportar. Ela disse imediatamente: "Livre-se daquela escrava e do seu filho, porque ele jamais será herdeiro com o meu filho Isaque" (v. 10).

Para Abraão, toda a alegria da festa instantaneamente acabou. Ismael era, afinal de contas, seu filho primogênito. Ele o amava sinceramente. Lembre-se do apelo anterior de Abraão diante de Deus: "Permite que Ismael seja o meu herdeiro!" (Gênesis 17:18).

Será que Sara foi realmente dura demais? Na verdade, ela não foi. Praticamente qualquer mulher forçada a dividir seu marido com uma concubina reagiria a uma situação como essa da mesma forma que Sara reagiu. Ela era a verdadeira esposa de Abraão. Hagar era uma intrusa. Além disso, de acordo com a promessa do próprio Deus, Isaque era o herdeiro legítimo de Abraão, prometido por Deus para ser aquele por quem a bênção da aliança finalmente se cumpriria. Criou-se uma confusão sem limites para Ismael estar na posição de reivindicar seu direito de primogenitura sobre um herdeiro verdadeiro escolhido por Deus para suceder a Abraão. Ismael era uma ameaça ao propósito de Deus para a linhagem de Abraão enquanto estivesse em qualquer posição de afirmar que ele, no lugar de Isaque, era o herdeiro legítimo de Abraão.

Por isso, o que pode parecer, à primeira vista, como uma reação extremamente exagerada era, na verdade, outra prova da grande fé que Sara tinha na promessa de Deus. O próprio Deus confirmou a sabedoria do seu pedido: "Mas Deus lhe disse: 'Não se perturbe por causa do menino e da escrava. Atenda a tudo o que Sara lhe pedir, porque será por meio de Isaque que a sua descendência há de ser considerada'" (21:12).

Ismael de nenhum modo ficou completamente desamparado. O Senhor também prometeu fazer dele uma grande nação — "afinal, ele é seu descendente" (v. 13). YHWH apareceu posteriormente a Ismael e a Hagar em meio à sua situação extrema e prometeu suprir todas as necessidades deles (vv. 14-21). Além disso, manteve-se continuamente alguma espécie de vínculo familiar entre as linhagens de Ismael e de Isaque, porque quando Abraão morreu, os dois filhos, trabalhando juntos, sepultaram o seu pai ao lado de Sara. (25:9-10)

O apóstolo Paulo usa a expulsão de Hagar como um tipo do conflito entre a lei e a graça. Ele chama isso de "ilustração" (Gálatas 4:24), mas não devemos achar que ele esteja negando os fatos históricos do relato de Gênesis. Na verdade, ele está tratando o episódio como uma tipologia — ou, melhor ainda, uma lição de vida. Hagar, a serva, representa a escravidão do legalismo (o cativeiro de tentar obter graça para com Deus por meio das obras). Sara, a esposa fiel, representa a liberdade perfeita da graça. Paulo estava lembrando os cristãos gálatas que "Vocês, irmãos, são filhos da promessa, como Isaque" (v. 28) — salvos pela graça, e não esperando inutilmente ser salvos pelas obras. "Naquele tempo, o filho nascido de modo natural perseguia o filho nascido segundo o Espírito. O mesmo acontece agora" (v. 29). Do mesmo modo que Ismael perseguiu Isaque, os falsos mestres perseguiam os cristãos verdadeiros. Qual foi a conclusão de Paulo? "Mande embora a escrava e o seu filho, porque o filho da escrava jamais será herdeiro com o filho da livre" (v. 30). Mesmo parecendo ser tão dura, havia um princípio importante, necessário e positivo na expulsão de Hagar e Ismael. Ela simbolizava a verdade importante que o tipo de religião que depende do esforço humano (simbolizado pelo esquema carnal que concebeu Ismael como um cumprimento artificial da promessa de Deus) é completamente incompatível com a graça divina (simbolizada por Isaque, o herdeiro legítimo da promessa de Deus), e os dois são tão hostis um com o outro que eles nem podem permanecer muito próximos.

Sua felicidade nos últimos anos

Depois de Hagar ser expulsa, Sara voltou a uma vida saudável e monogâmica com seu marido amado e seu filho Isaque, que era um lembrete perpétuo tanto para Sara quanto para Abraão da grande fidelidade de Deus. Até onde sabemos, o restante dos seus anos foi vivido com alegria e paz.

Sara nem mesmo aparece no relato bíblico do quase sacrifício de Isaque. Todo esse acontecimento tinha o propósito único de testar a fé de Abraão. Sara parece ter sido colocada totalmente fora disso até que tudo acabou. Isso aconteceu na terra de Moriá (Gênesis 22:2). Nas gerações posteriores, a cidade de Jerusalém cercou a área conhecida como Moriá, e o monte Moriá, no centro da cidade, foi o local exato onde se situava o Templo, de acordo com 2Crônicas 3:1. Moriá ficava cerca de 72 quilômetros de onde

Abraão morava, em Berseba (Gênesis 21:33-34). De qualquer modo, a fé de Sara já tinha sido bem testada. Ela já tinha, há muito tempo, demonstrado a sua confiança absoluta nas promessas de Deus, e o selo da aprovação divina sobre ela está contido nas passagens do Novo Testamento que reconhecem a sua fé firme.

Na verdade, do mesmo modo que o Novo Testamento retrata Abraão como o pai espiritual de todos os que creem (Romanos 4:9-11; Gálatas 3:7), Sara é retratada como a matriarca espiritual e o protótipo de todas as mulheres fiéis (1Pedro 3:6). Longe de se concentrar nos momentos memoráveis em que Sara se comportou mal, ele a celebra como verdadeiro modelo de mulher adornada com a "beleza demonstrada num espírito dócil e tranquilo" (1Pedro 3:4).

Esse é um epitáfio bem adequado para uma mulher verdadeiramente extraordinária.

3
Raabe
A redenção de uma vida horrível

Salmom gerou Boaz, cuja mãe foi Raabe; Boaz gerou Obede, cuja mãe foi Rute; Obede gerou Jessé; e Jessé gerou o rei Davi.

Mateus 1:5-6

Quando Raabe aparece pela primeira vez no relato bíblico, ela é uma das personagens mais desagradáveis a que se teve acesso. Na verdade, ela é apresentada como "uma prostituta chamada Raabe" (Josué 2:1). Se você a tivesse encontrado antes da grande virada em sua vida, você poderia tê-la descartado como uma pessoa totalmente perdida. Ela era uma mulher imoral, vivendo em uma cultura pagã que era dedicada com fanatismo a tudo que Deus abomina. Até a própria cultura estava prestes a ser julgada. Sua longa decadência rumo ao abismo da corrupção moral e espiritual tinha sido proposital, e, no momento, era irreversível.

Até onde sabemos, Raabe sempre foi uma participante intencional na depravação característica dessa civilização. Ela tinha lucrado pessoalmente com o mal que permeava toda aquela sociedade. No momento em que Deus tinha decretado a destruição completa de toda a cultura por causa da sua maldade extrema, por que Raabe não deveria também receber a recompensa justa pelo seu pecado intencional?

Em tudo o que se refere ao seu registro de vida, não há nenhuma qualidade redentora presente na vida de Raabe até aquele momento. Muito pelo contrário, ela estaria bem na *parte inferior* de uma hierarquia moral em uma cultura gentia que já era por si só totalmente corrompida e tão gravemente pagã quanto qualquer outra sociedade na história humana. Ele era moralmente um peixe de fundo. Obtinha seu sustento a partir do apetite insaciável da depravação desenfreada, atendendo aos apetites mais degradados da verdadeira escória da sociedade. É difícil imaginar uma candidata mais improvável para a honra divina do que Raabe.

Mesmo assim, em Hebreus 11:31, mesmo sendo identificada até mesmo nessa passagem como "a prostituta Raabe", ela é citada especificamente pelo nome por causa da grandeza da sua fé, e até aparece na genealogia de Cristo, em Mateus 1. Extraordinária? Essa palavra é pouco quando se fala de Raabe.

Um cenário improvável

Raabe morava na Jericó do tempo de Josué. A casa dela não ficava em algum beco no fundo da cidade, mas situava-se no seu muro famoso (Josué 2:15). O muro deve ter sido uma edificação larga, certamente, com espaço suficiente sobre ele para construções e para uma passarela, ou até mesmo uma rua. Essa, com certeza, era uma localização privilegiada no valorizado bairro comercial. É justo pensar, então, que Raabe desfrutou de um sucesso financeiro fenomenal em seu negócio.

Infelizmente, o seu "negócio" era a prostituição. Ela regularmente se vendia aos homens mais perversos daquela cidade já perversa.

Jericó fazia parte do reino dos amorreus, uma cultura grotescamente violenta, totalmente depravada e completamente pagã, que era tão inclinada para o inferno na busca de todo tipo de males, que o próprio Deus os condenou a serem varridos da face da terra (Deuteronômio 20:17). Na verdade, a cultura dos amorreus tinha sido tão completa e maliciosamente corrupta por tanto tempo (pelo menos desde a época de Abraão), que o seu estilo maligno de vida era a razão exata e inicial pela qual Deus tinha passado a Abraão e aos seus descendentes o direito àquela terra (Deuteronômio 18:12; 1Reis 21:26). O Senhor tinha prometido a Abraão que os seus descendentes começariam a tomar posse da terra, tão logo a maldade dos amorreus estivesse completa (Gênesis 15:16). Esse momento tinha acabado de chegar. A nação má alcançou o nível máximo da tolerância divina.

Raabe, então, simbolizava a abominação da cultura dos amorreus no momento em que eles tinham chegado de forma coletiva ao cúmulo da maldade humana. Toda a sua vida tinha sido dedicada ao propósito profano da autossatisfação carnal. Seu sustento dependia totalmente do mal consensual. Ela tinha sido escravizada aos tipos mais diabólicos de paixão, na servidão do seu próprio pecado, e era refém de uma sociedade monstruosa que já estava sob uma sentença de condenação — na verdade, estava marcada para destruição eterna, mas a graça divina a redimiu e a libertou de tudo isso, arrancando-a como um tição do fogo.

Acompanhe o cenário notável da história de Raabe: Moisés tinha morrido (Josué 1:1-2). A geração de israelitas que tinha saído do Egito já estava toda morta também. Mais de um milhão de israelitas tinham saído originalmente do Egito sob a liderança de Moisés (Êxodo 12:37). Por causa da teimosia coletiva e da incredulidade persistente daquela geração, quando eles chegaram à entrada da Terra Prometida, em Cades-Barneia, todas as pessoas acima de vinte anos foram proibidas de entrar. Toda uma geração foi condenada a morrer no deserto sem poder ter ao menos mais um vislumbre da Terra Prometida.

Havia duas exceções importantes (Números 14:30): Josué e Calebe. Esses dois homens tinham espiado a Terra Prometida para Moisés. Eles tinham voltado entusiasmados com o potencial da nova terra de Israel e confirmaram as palavras de Deus sobre ela, mas quando os outros dez espias voltaram com um relatório contraditório, desanimados, avisando sobre os perigos que os aguardavam, o povo de Israel hesitou em entrar na terra. Eles deram ouvidos à incredulidade dos pessimistas, em vez focarem na promessa de YHWH. Naquela hora e local, toda a nação armou um motim contra Moisés e contra Deus (Números 13-14). Essa foi a gota d'água. Foi por isso que o povo de Israel foi levado a peregrinar por quarenta anos. Isso foi uma condenação divina contra eles por causa da sua incredulidade (Números 14:30-35). No final, os cadáveres de toda aquela geração — exceto dos dois homens fiéis — foram enterrados em sepulcros espalhados pelo deserto, onde as condições extremas finalmente os consumiram (v. 32-33).

Trinta e oito anos já tinham se passado desde aquela rebelião, em Cades-Barneia. O livro de Josué começa com os Israelitas situados novamente na entrada de Canaã, dessa vez, perto de Sitim (Josué 2:1; 3:1), a cerca de 12 quilômetros a leste do rio Jordão, quase na margem oposta a Jericó. Josué tinha sido nomeado líder sobre toda a nação no lugar de Moisés. No capítulo 1 de Josué, o Senhor reforçou a coragem e a determinação de Josué com uma série de promessas, e Josué preparou o povo para entrar na terra. Finalmente, chegou o dia que essa geração tinha esperado por toda a vida.

Sabiamente, do mesmo modo que Moisés tinha feito anos antes, Josué enviou espias adiante deles para coletar informações militares e estratégicas sobre o que estava reservado para eles na outra margem do Jordão. Dessa vez, no entanto, Josué somente enviou dois homens, dizendo: "Vão examinar a terra, especialmente Jericó" (2:1).

A Bíblia simplesmente diz: "Eles foram e entraram na casa de uma prostituta chamada Raabe, e ali passaram a noite" (2:1). Portanto, Raabe é a primeira pessoa da Terra Prometida que a Bíblia nos apresenta. Pela graciosa providência de Deus, ela se tornaria um dos elementos-chave do triunfo militar de Israel. Toda a sua vida, a sua carreira e o seu futuro seriam transformados pelo seu encontro surpresa com os dois espias.

É uma confluência improvável de forças para o bem: de um lado, uma mulher pagã solitária, cuja vida, até aquele momento, não tinha nenhum traço de heroísmo; e do outro, uma nação de refugiados itinerantes que, por toda vida, viveram seus últimos quarenta anos sob o olhar reprovador de Deus, por causa da desobediência de seus pais.

Porém, a colaboração dos espiões com Raabe foi o início da queda de Jericó. A derrota de Jericó foi a primeira conquista dramática de uma das maiores campanhas militares da história.

Um ato inesperado de bondade

Josué 2:1-7 conta o que aconteceu:

> Então Josué, filho de Num, enviou secretamente de Sitim dois espiões e lhes disse: "Vão examinar a terra, especialmente Jericó". Eles foram e entraram na casa de uma prostituta chamada Raabe, e ali passaram a noite. Todavia o rei de Jericó foi avisado: "Alguns israelitas vieram aqui esta noite para espionar a terra". Diante disso, o rei de Jericó enviou esta mensagem a Raabe: "Mande embora os homens que entraram em sua casa, pois vieram espionar a terra toda". Mas a mulher que tinha escondido os dois homens respondeu: "É verdade que os homens vieram a mim, mas eu não sabia de onde tinham vindo. Ao anoitecer, na hora de fechar a porta da cidade, eles partiram. Não sei por onde foram. Corram atrás deles. Talvez os alcancem". Ela, porém, os tinha levado para o terraço e os tinha escondido sob os talos de linho que havia arrumado lá. Os perseguidores partiram atrás deles pelo caminho que vai para o lugar de passagem do Jordão. E logo que saíram, a porta foi trancada.

Josué, propositalmente, fez segredo sobre o trabalho dos espias. Aparentemente, nem mesmo os israelitas tinham conhecimento da missão deles. Eles deviam reportar-se a Josué, não a toda a nação (vv. 23-24). Josué não estava pedindo algum retorno a eles, de modo que as pessoas pudessem discutir entre si se deviam cruzar o Jordão ou recuar com medo. Ele não cometeria o mesmo erro novamente. Israel já tinha passado pelo beco sem saída da opinião popular, e isso lhe custou um período de quase quarenta anos. Josué estava assumindo o papel de um comandante determinado. Ele avaliaria o relato dos espiões pessoalmente e decidiria com a ajuda de Deus, e não com uma votação popular, como os seus exércitos agiriam.

Jericó estava em um local estratégico, na abertura de dois caminhos vitais entre as montanhas circunvizinhas, um levando para sudoeste, rumo a Jerusalém, e outro levando para noroeste, em direção de Ai, e, mais além, para Betel. Conquistar Jericó daria a Israel uma base forte para toda a Terra Prometida. Não é à toa que Jericó estava tão bem fortificada. A tarefa dos espias era avaliar essas fortificações e dar um relatório a Josué.

Os espias, mais provavelmente, começaram seu trabalho secreto pouco antes do entardecer. O rio Jordão ficava a 12 quilômetros ao leste. Uma caminhada vigorosa de duas horas os levaria para a margem do rio. Havia vaus nas proximidades (v. 7), onde a água dava na altura do peito, no ponto mais fundo. Os homens poderiam escolher entre caminhar ou nadar, facilmente cruzando o Jordão. Então, eles teriam outra jornada de doze quilômetros a pé para Jericó. Mesmo que eles se molhassem atravessando o rio, isso lhes dava tempo mais que suficiente para estarem adequadamente secos quando chegassem. Depois disso, eles teriam de entrar na cidade murada de algum modo e encontrar algum alojamento para o resto da noite — tudo isso sem levantar suspeitas.

Jericó era uma cidade grande, e os visitantes entravam e saíam o tempo todo. Os espias conseguiram entrar na cidade antes de os portões fecharem à noite (v. 5). A Bíblia não diz como eles entraram. Achamos que eles conseguiram encontrar uma maneira sem muita dificuldade. Talvez simplesmente tenham se misturado com os outros viajantes na hora mais movimentada do dia.

Tendo eles entrado na cidade, o lugar ideal para hospedagem seria em uma pousada ou em uma casa no próprio muro. Desse local, eles poderiam avaliar as defesas da cidade. Uma boa maneira de evitar levantar suspeitas ou atrair atenção indevida seria encontrar algum bairro sórdido onde *todos* entenderiam a necessidade de discrição.

A busca deles os levou a Raabe, uma meretriz, que era próspera o bastante para ter uma casa em uma parte privilegiada do muro. Tanto ela quanto o seu negócio eram bem conhecidos em Jericó. Essa seria uma situação ideal para os espias. Ela abriria a porta para eles sem fazer nenhuma pergunta sobre quem eles eram. No seu negócio, o sigilo máximo era essencial. Ela os receberia bem e os convidaria para entrar rapidamente, justamente como ela fazia com todos os clientes.

Os espias israelitas, obviamente, não a procuraram para se aproveitarem dela, nem tinham propósitos imorais. Quem sabe tenha sido exatamente esse o motivo que conquistou a confiança dela. Eles claramente não estavam ali para usar ou abusar dela, e tinham um tratamento diferente de praticamente todos os outros homens que ela já tinha visto. Eles eram sérios e sóbrios, mas não parecem tê-la intimidado de modo algum. Possivelmente, eles a trataram com uma dignidade paciente e com respeito enquanto faziam o seu reconhecimento cuidadoso. Sem dúvida, eles explicaram a ela quem eram, o que significa que eles teriam falado alguma coisa sobre YHWH. Na maior parte do tempo, eles cumpriam sua tarefa, possivelmente fazendo medidas do muro e registrando detalhes sobre seus parapeitos e sobre a vista panorâmica.

A casa de Raabe era perfeita para os seus propósitos. A posição proporcionava uma visão bem próxima do muro, o qual era a defesa principal da cidade, mas o local também possibilitava uma fuga rápida se fosse necessária. Certamente, os muros da cidade eram feitos para afastar intrusos, mas uma pessoa dentro do muro com uma corda, com o comprimento suficiente, poderia escapar facilmente. Pela providência soberana de Deus, tudo o que precisavam estava no lugar certo, e também pelo propósito soberano dele, o coração de Raabe estava pronto para crer em YHWH.

Parece que, de algum modo, a presença dos espias foi descoberta quase no momento em que entraram na casa de Raabe. Com certeza, todos em Jericó já sabiam que toda a nação israelita estava acampada na outra margem do rio, a uma caminhada de distância. Toda Jericó tinha ouvido falar sobre a fuga milagrosa de Israel das mãos de Faraó, atravessando o mar Vermelho, e sobre o afogamento de todo o exército egípcio (v. 10). A história das peregrinações que se seguiram pelo deserto também era bem conhecida por toda a região. A própria Raabe conta aos espias que os habitantes da terra estavam desanimados com o que tinham ouvido falar sobre Israel e o tratamento de Deus com eles. Nas palavras de Raabe: "Quando soubemos disso, o povo desanimou-se completamente, e por causa de vocês todos perderam a coragem, pois o Senhor, o seu Deus, é Deus em cima nos céus e embaixo na terra" (v. 11).

Mesmo assim, com a exceção da própria Raabe, o povo de Jericó não parecia ter muito medo do poder de YHWH ou da força militar de Israel. Quem sabe as lendas sobre os quarenta anos vagando sem direção tendiam a contrabalançar o medo dos cananeus quanto à força militar de Israel. Seja qual for a razão para a complacência deles, a segurança da fortaleza murada fazia com que os residentes de Jericó ficassem bem orgulhosos.

Apesar disso, eles estavam alerta para intrusos, e os oficiais tinham provavelmente dado ordens expressas para relatar qualquer coisa suspeita para o rei. O "rei" tinha uma função parecida com a de um prefeito, mas tinha o controle militar. Portanto, era ele quem deveria ser avisado se intrusos fossem descobertos.

Quem sabe alguém a quem os espias pediram informações não os tenha denunciado, ou mesmo sentinelas próximas à casa de Raabe notaram a sua presença e os reconheceram pelas roupas como israelitas. Em todo caso, a presença deles foi rapidamente relatada para o rei de Jericó. As informações que ele recebeu incluíam detalhes específicos sobre o lugar para o qual os espias tinham ido, então o rei enviou mensageiros para inspecionar a casa de Raabe.

É nesse momento que Raabe nos surpreende. Lembre-se, ela ganhava o seu sustento vendendo a si mesma para propósitos malignos. Ela poderia ter ganhado uma bela recompensa se tivesse entregado os espias, mas não fez isso. Ela os escondeu. Ela despistou os oficiais e salvou a vida dos dois espias, mesmo que com isso tenha se arriscado bastante. Obviamente, os representantes do rei sabiam que os espias tinham estado na casa dela. Quando não puderam encontrar nenhuma prova de que os homens tinham realmente deixado a cidade, eles provavelmente voltariam para interrogar Raabe novamente. Ela arriscou a própria vida quando protegeu esses estranhos. Sua expressão repentina de fé, portanto, não é somente inesperada; ela parece ir contra todos os instintos que normalmente motivariam uma mulher como Raabe.

As ações de Raabe para proteger os espias incluíam contar uma mentira. Será que isso tem justificativa? Ao homenageá-la por sua fé, será que a Bíblia está tolerando os métodos dela? Vários homens bons têm debatido essa questão desde o princípio da história rabínica. Temos de admitir que essa não é uma questão fácil de responder. A Bíblia diz: "O Senhor odeia os lábios mentirosos, mas se deleita com os que falam a verdade" (Provérbios 12:22). O próprio Deus *não pode* mentir (Tito 1:2; Números 23:19; 1Samuel 15:29), portanto, ele não pode tolerar nem aprovar uma mentira. Alguns têm tentado defender que, por causa das circunstâncias, essa não tinha sido tecnicamente uma mentira, mas uma manobra militar, uma estratégia legítima com o propósito de iludir ou ser mais esperto do que o inimigo em meio à guerra. Outros afirmam que mentir torna-se até aceitável se for por um bem maior. Esse tipo de abordagem situacional na ética está cheio de problemas sérios.

Não vejo necessidade de justificar a mentira de Raabe. Será que ela era necessária para um bem maior? Claro que não! Sadraque, Mesaque e Abednego também poderiam ter escapado da punição mentindo e poderiam ter defendido de forma convincente que era por um "bem maior", mas não existe um bem maior que a verdade, e a causa da verdade jamais pode ser servida pela mentira. Sadraque e seus amigos falaram a verdade — na verdade, eles aproveitaram a oportunidade para glorificar o nome de Deus — e Deus ainda foi capaz de salvá-los da fornalha. Com certeza, ele poderia ter salvado os espias e Raabe sem mentiras.

Além do mais, esse não é o sentido da história de Raabe. Não é preciso fazer uma racionalização astuta para tentar justificar a sua mentira. As Escrituras nunca elogiam a *mentira*. Raabe não é aplaudida pela sua *ética*. Ela é um exemplo positivo de *fé*.

Nesse momento, sua fé tinha acabado de nascer, era fraca, e precisava ser alimentada e desenvolvida. Seu conhecimento de YHWH era pequeno. Ela deixa isso claro em Josué 2:9-11, quando diz que sabia *um pouco* a seu respeito, tendo criado um grande interesse em YHWH por causa das histórias sobre o êxodo de Israel do Egito, mas é bem provável que ela nunca tivesse conhecido nenhum verdadeiro adorador de YHWH até aquela noite. Com maior certeza, ela não tinha ideia do valor que ele dava a sinceridade. Entretanto, ela era fruto de uma cultura corrupta em que a ética praticamente não existia. Na sua sociedade, mentir era um modo de vida — especialmente em sua profissão. O modo que ela respondeu é simplesmente o que se esperava de uma pessoa que só estava começando a crer em meio a essas circunstâncias.

A questão é que a fé de Raabe, mesmo sem ter se desenvolvido tanto, imediatamente a levou à ação. Ela acolheu "em paz os espias" (Hebreus 11:31, ARC) — no sentido que ela não somente os escondeu, mas também, implicitamente, abraçou a causa deles. Através disso, Raabe depositou todo o seu futuro nas mãos do seu Deus, e a prova da sua fé não foi a mentira que ela disse, mas sim o fato de que "recolheu os emissários, e os despediu por outro caminho" (Tiago 2:25) — enquanto ela poderia, em vez disso, tê-los entregue por dinheiro. Não é a mentira que tornou suas ações recomendáveis, mas sim o fato de que ela rejeitou uma recompensa fácil e arriscou sua própria vida, apostando tudo no Deus de Israel.

Nada, além da fé, poderia ter operado uma transformação tão dramática e instantânea no caráter de uma mulher como essa. Ela tinha, obviamente, cultivado uma grande curiosidade sobre YHWH, a partir do que lhe foi contado sobre o seu tratamento para com Israel. Naquele momento do encontro com pessoas de carne e osso que o conheciam e o adoravam, ela estava pronta a juntar forças com eles.

Uma expressão incrível de fé

O pensamento rápido de Raabe salvou os espias. A narrativa sugere que ela escondeu rapidamente os homens depois que os mensageiros do rei tinham batido em sua porta e perguntado sobre os espias. Ela ouviu o pedido, "*então*... levou os dois homens e os escondeu", antes de dar uma resposta (Josué 2:3-4, NKJV tradução livre). A rapidez e a astúcia do seu esquema para escondê-los sugere que ela tinha experiência nesse tipo de coisa. Aparentemente, os talos de linho, "que [Raabe] havia arrumado" no terraço (v. 15), estivam lá exatamente para isso, para o caso de uma esposa ciumenta vir procurar por um cliente. Raabe também tinha uma corda comprida disponível. Não há dúvida de que ela tenha facilitado fugas parecidas anteriormente.

O esconderijo certamente serviu, dessa vez, para uma causa nobre e santa. Possivelmente, os mensageiros do rei realizaram a busca na casa de Raabe rapidamente, sem poder encontrar os espias antes de partirem, seguindo a pista falsa que os levou por todo o caminho até os vaus do Jordão.

Depois de ter certeza de que os mensageiros do rei não voltariam até o outro dia, Raabe voltou ao terraço para falar com os espias. Ela lhes deu um testemunho explícito da fé que a motivou. Acompanhe o relato bíblico:

> Antes dos espiões se deitarem, Raabe subiu ao terraço e lhes disse: "Sei que o Senhor lhes deu esta terra. Vocês nos causaram um medo terrível, e todos os habitantes desta terra estão apavorados por causa de vocês, pois

> temos ouvido como o Senhor secou as águas do mar Vermelho perante vocês quando saíram do Egito, e o que vocês fizeram a leste do Jordão com Seom e Ogue, os dois reis amorreus que aniquilaram. Quando soubemos disso, o povo desanimou-se completamente, e por causa de vocês todos perderam a coragem, pois o Senhor, o seu Deus, é Deus em cima nos céus e embaixo na terra. Jurem-me pelo Senhor que, assim como eu fui bondosa com vocês, vocês também serão bondosos com a minha família. Deem-me um sinal seguro de que pouparão a vida de meu pai e de minha mãe, de meus irmãos e minhas irmãs, e de tudo o que lhes pertence. Livrem-nos da morte".
>
> "As nossas vidas pelas de vocês!", os homens lhe garantiram. "Se você não contar o que estamos fazendo, nós a trataremos com bondade e fidelidade quando o Senhor nos der a terra".
>
> Então Raabe os ajudou a descer pela janela com uma corda. (Josué 2:8-14)

Observe que a fé de Raabe foi acompanhada pelo *temor*. Não há nada de errado nisso. "O temor do Senhor é o princípio da sabedoria" (Salmo 111:10). No caso de Raabe, o temor foi o que, em parte, motivou sua fé. Ela tinha ouvido falar sobre provas poderosas da supremacia do Senhor sobre o Egito. Ela entendeu que foi o poder do Senhor, e não simplesmente a força militar, que tinha triunfado sobre Seom e Ogue, dois reis temíveis dos amorreus (Josué 2:10). Ela, provavelmente, entendia algo a respeito da autoridade soberana de YHWH sobre Israel a partir dos contos que relatam os quarenta anos no deserto. O medo que ela tinha era saudável. Ele a tinha convencido de que YHWH era, de fato, o único Deus verdadeiro. O salmista escreveu: "Anunciarão o poder dos teus feitos temíveis, e eu falarei das tuas grandes obras" (Salmos 145:6). Esse é exatamente o tipo de testemunho que tinha levado Raabe a crer.

Os espias fizeram um juramento de tratá-la com bondade quando conquistassem a cidade, mas eles lhe deram uma condição. Ela tinha que pendurar um cordão vermelho na janela onde ela os desceu (Josué 2:17-18). Isso marcaria a casa dela diante de todo o Israel, e todos dentro da casa seriam poupados quando a cidade fosse derrotada. A palavra hebraica para "cordão", no versículo 18, é diferente da palavra para "corda", no versículo

15. Esse cordão se tratava de uma faixa de fios entrelaçados, usada para decoração. A cor facilitaria a visualização desde a parte de baixo do muro. Tanto a sua aparência como a sua função faziam lembrar do sinal vermelho do sangue derramado no batente das portas durante a primeira Páscoa. Muitos comentaristas acreditam que essa cor também seja um símbolo tipológico do sangue do verdadeiro Cordeiro pascal. Talvez seja mesmo. Ela certamente serve como um símbolo adequado do sangue de Cristo, que afasta a ira de Deus.

Aos olhos de Raabe, no entanto, a importância do cordão escarlate não tinha nada de misterioso ou místico. Era um símbolo simples e conveniente que podia marcar sua janela discretamente, de modo que sua casa seria facilmente diferenciada de todas as outras em Jericó.

Depois de formalizar esse acordo para proteger a casa de Raabe e selar o compromisso com um juramento (vv. 17-20), os espias desceram secretamente na escuridão pela corda, para o vale do lado de fora dos muros de Jericó. Raabe os aconselhou a se esconderem nas montanhas por três dias, até que o rei desistisse da busca (v. 16), e eles assim fizeram. A Bíblia diz: "Estes [os perseguidores] os procuraram ao longo de todo o caminho e não os acharam" (v. 22).

Quando os homens finalmente retornaram a Josué, o relatório foi bem diferente daquele que os dez espias infiéis tinham apresentado a Moisés quarenta anos antes. Era exatamente o que Josué esperava ouvir: "Sem dúvida o Senhor entregou a terra toda em nossas mãos; todos estão apavorados por nossa causa" (v. 24).

Um legado duradouro

A maioria das pessoas conhece o relato da vitória milagrosa de Israel sobre Jericó. É um exemplo clássico da maneira pela qual o triunfo espiritual sempre é obtido: "'Não por força nem por violência, mas pelo meu Espírito', diz o Senhor dos Exércitos" (Zacarias 4:6). Deus não opera exclusivamente por meio de milagres. Na verdade, são relativamente raros os momentos em que ele deixa de lado os meios normais para alcançar seus propósitos. Foram bem poucas as batalhas militares de Israel ganhas somente pela intervenção milagrosa de Deus. Os exércitos de Israel tiveram de lutar, mas, da mesma maneira, *nenhuma* de suas batalhas foi ganha sem o poder de Deus.

Nesse caso, Deus interveio propositalmente de um modo que deixou claro a todos em Canaã que ele lutava a favor de Israel. Ele demoliu as muralhas imensas de Jericó sem nenhum meio militar. Isso não se tratou de um terremoto casual. Para provar isso, Deus fez com que os israelitas marchassem em volta da cidade por seis dias consecutivos (Josué 6). No sétimo dia, eles marcharam ao redor da cidade sete vezes, tocaram as trombetas e gritaram. Instantaneamente, o muro da cidade caiu por terra (Josué 6:20).

Quer dizer, todas as muralhas, exceto uma parte: Raabe e sua casa foram poupadas.

> "Josué disse aos dois homens que tinham espionado a terra: 'Entrem na casa da prostituta e tirem-na de lá com todos os seus parentes, conforme o juramento que fizeram a ela'. Então os jovens que tinham espionado a terra entraram e trouxeram Raabe, seu pai, sua mãe, seus irmãos e todos os seus parentes. Tiraram de lá todos os da sua família e os deixaram num local fora do acampamento de Israel." (vv. 22-23)

O escritor de Josué (provavelmente ele mesmo) acrescentou: "Raabe vive entre os israelitas até hoje" (v. 25).

Raabe é um belo exemplo do poder transformador da fé. Apesar de ter poucas vantagens espirituais e pouco conhecimento da verdade, ela tinha o coração voltado a YHWH. Ela arriscou a própria vida, abandonou um modo de vida que não honrava a Deus e se afastou de tudo, exceto de seus parentes próximos, que ela trouxe para a comunidade do povo de Deus junto com ela. A partir daquele dia, ela teve uma vida completamente diferente, como uma verdadeira heroína da fé. Ela tem um lugar de honra em Hebreus 11, junto de outros nomes notáveis daquela "grande nuvem de testemunhas" que testificam sobre o poder salvador da fé.

Depois do relato da destruição de Jericó, em Josué 6, o nome de Raabe nunca mais é mencionado no Antigo Testamento. Quando Josué observou que ela estava ainda morando em Israel, isso foi, provavelmente, muitos anos depois da queda de Jericó. Aparentemente, Raabe viveu em tranquila dignidade e graça em meio ao povo de Deus. Ela tinha sido radicalmente transformada do tipo de mulher que era. Ela era, e ainda é, um símbolo vivo do efeito transformador da fé salvadora. Essa é a mensagem principal da sua vida.

Na verdade, a passagem onde nos deparamos novamente com Raabe, nas páginas das Escrituras, encontra-se no Novo Testamento. Lá, seu nome é mencionado por três vezes. Duas delas a honram por sua fé fantástica (Hebreus 11:31; Tiago 2:25). Ela é considerada como exemplo de fé tanto para homens como para mulheres. Tiago, em particular, cita seu caso para demonstrar que a fé produz ação. De fato, a fé de Raabe não ficou latente por muito tempo. Lembre-se: somente depois de ela ter escondido os espias é que ela verbalizou a eles a sua crença de que YHWH era o Deus único e verdadeiro. Sua fé foi vista através do fruto de suas obras antes mesmo de ela ter oportunidade de declará-la com sua boca. Tiago diz que a fé verdadeira é sempre assim, ativa e frutífera. "A fé sem as obras está morta" (Tiago 2:26). De morta, a fé de Raabe não tinha nada.

No entanto, a ocorrência mais incrível do nome de Raabe no Novo Testamento é a primeira vez em que ele aparece lá, bem na primeira página, no primeiro parágrafo do primeiro evangelho. Mateus começa o seu relato da vida de Cristo com uma genealogia longa, traçando toda a linhagem de Cristo desde a época de Abraão. O objetivo de Mateus, obviamente, é provar pelos antepassados de Cristo que ele reunia as qualidades para ser a Semente prometida de Abraão, e que ele também era herdeiro legítimo do trono de Davi. Bem ali, na lista dos ancestrais de Jesus, encontramos, de forma inesperada, o nome de Raabe: "Salmom gerou Boaz, cuja mãe foi Raabe; Boaz gerou Obede, cuja mãe foi Rute; Obede gerou Jessé" (Mateus 1:5).

É bem incomum as mulheres serem mencionadas em genealogias hebraicas. Observe que o registro dos descendentes de Adão, em Gênesis 5, omite qualquer referência a suas filhas. Mesmo assim, Mateus menciona cinco mulheres, e todas elas são notáveis: Tamar (1:3), Raabe (v. 5), Rute (v. 5), Bate-Seba (v. 6), e Maria (v. 16). Pelo menos três delas eram gentias. Três delas eram desonradas por causa do seu próprio pecado. Na verdade, todas elas, por várias razões, sabiam o que era ser uma pessoa marginalizada — ou ter alguma desonra ou estigma associada à sua reputação:

- Tamar era uma mulher cananeia cujo marido tinha morrido, deixando-a sem filhos. Ela se disfarçou de prostituta e seduziu seu próprio sogro,

Judá, para ter um filho. De um modo interessante, um cordão vermelho também faz parte da história trágica de Tamar (Gênesis 38:13-30).

- Já conhecemos Raabe, inclusive a vergonha de seu passado sórdido.
- Rute, que conheceremos logo em seguida, era da nação moabita, um povo geralmente desprezado em Israel (Rute 1:3).
- Bate-Seba, de quem Mateus não menciona o nome, mas simplesmente se refere à "mulher de Urias", cometeu adultério com o Rei Davi (2Samuel 11).
- Maria, é claro, passou pela desonra de uma gravidez fora do casamento.

Coletivamente, elas exemplificam como Deus é capaz de operar todas as coisas para o bem. Sob uma perspectiva humana, toda a genealogia é variada, com pessoas proscritas e exemplos de fracasso. As mulheres, em particular, destacam como o escândalo enfeitava boa parte da linhagem messiânica. Ela era cheia de estrangeiros, de pessoas marginalizadas, e de párias por vários motivos. Mesmo assim, todos eles ainda encontraram um lugar no plano de Deus para trazer seu Filho ao mundo.

O tema do escândalo na linhagem de Cristo não era um acidente. Na sua encarnação, Cristo voluntariamente "esvaziou-se a si mesmo, vindo a ser servo" (Filipenses 2:7). Ele se fez um proscrito e uma vergonha pública, fazendo-se maldição por nós (1Pedro 2:8). A mensagem do evangelho também é um escândalo público — simplesmente uma loucura e uma vergonha para os que perecem, mas para aqueles que são salvos, é poder de Deus (1Coríntios 1:18).

Afinal, "não são os que têm saúde que precisam de médico, mas sim os doentes... [Cristo não veio] para chamar justos, mas pecadores" (Marcos 2:17). Raabe era a verdadeira personificação desse princípio. Esse é o motivo pelo qual o Novo Testamento várias vezes a menciona como um exemplo, na vida real, do fruto da fé salvadora. Ela é uma lembrança viva de que até o pior dos pecadores pode ser redimido pela graça divina através da fé. "Pois vocês são salvos pela graça, por meio da fé, e isto *não vem de vocês*, é dom de Deus; não por obras, para que ninguém se glorie, porque somos criação *de Deus*".

Raabe não foi remida por causa de alguma obra meritória que fez. Ela tampouco obteve o favor de Deus por alguma boa obra. Lembre-se, até mesmo o que ela fez certo — hospedar os espias — foi manchado moralmente pelo modo como foi feito. Ela mentiu. Raabe não serve para nós como exemplo de obras humanas. Ela não é uma lição de como podemos melhorar através do desenvolvimento pessoal. Ela é um lembrete de que Deus, por *sua* graça, pode remir até mesmo a vida mais horrível.

Alguns dos rabinos escolásticos, um pouco antes da época de Jesus, ficavam constrangidos pelo fato de que uma mulher com o histórico de Raabe tenha sido poupada na destruição de Jericó e trazida a Israel como prosélita. Eles propuseram um entendimento diferente da palavra "prostituta" em Josué 2:1 (também em 6:17, 25). Eles defendiam que o termo hebraico se parece com uma palavra que significa "alimentar". Quem sabe Raabe tenha sido dona de uma pousada ou uma anfitriã.

O problema é que a palavra real só tem um único sentido: "prostituta". Esse é o entendimento inquestionável desse texto por séculos. Na verdade, não existe ambiguidade alguma nem na Septuaginta (uma tradução grega antiga datada do século II a.C.) nem nos textos gregos de Hebreus 11:31 ou de Tiago 2:25. A palavra usada para descrever Raabe é *pornê*, que significa "prostituta". Observe que esse termo vem da mesma raiz do termo "pornografia", em português, e tem conotações igualmente negativas moralmente.

Essa ideia de higienizar o histórico de Raabe ressurgiu com alguns clérigos extremamente sensíveis na era vitoriana. C. H. Spurgeon, o pregador batista mais conhecido da Londres do final do século XIX, respondeu: "Essa mulher não era uma mera anfitriã, mas era uma verdadeira meretriz... Tenho por mim que nada além de um espírito de aversão à livre graça poderia levar um comentarista a negar o pecado dela".

Com certeza, ele estava absolutamente certo. Se retirarmos o estigma do pecado, tiraremos com ele a necessidade da graça. Raabe é extraordinária exatamente porque o que ela *era* simplesmente aumenta a glória da graça divina, a qual fez dela a mulher extraordinária que *veio a ser.* Isso, no final das contas, é tudo o que aprendemos com a sua vida.

4

Rute
Lealdade e amor

O teu povo será o meu povo e o teu Deus será o meu Deus!

Rute 1:16

O livro de Rute, no Antigo Testamento, é uma história perfeita de amor, em um formato compacto. Não é um conto épico, mas uma pequena história. Todo o relato se desenrola em 83 versículos. Mesmo assim, ela passa por todo o leque de emoções humanas, desde a angústia de partir o peito até o auge do triunfo do coração alegre.

A vida de Rute foi a experiência verdadeira e histórica de uma mulher genuinamente extraordinária. Foi também um retrato perfeito da história da redenção, contada com símbolos vivos e inspiradores. A própria Rute traz o perfil adequado de todo pecador. Ela era uma viúva estrangeira que foi morar em uma terra estranha. Trágicas circunstâncias a reduziram a uma pobreza deplorável. Ela não era somente marginalizada ou exilada, mas também era carente de tudo, reduzida a um estado de miséria total, do qual ela nunca esperaria ser resgatada por nada nesse mundo. Em sua total necessidade, ela buscou a graça do parente mais próximo de sua sogra. A história sobre como a sua vida foi transformada é uma das narrativas mais profundamente emocionantes de toda a Bíblia.

Sua ruína

A história começa bem próxima ao final da época dos juízes, no Antigo Testamento. Aconteceu cerca de um século antes da época de Davi, em um período que era geralmente caracterizado pela anarquia, pela confusão e pela infidelidade à lei de Deus. Também havia uma fome extrema em Israel naqueles dias.

Somos apresentados à família de Elimeleque no livro de Rute (Rute 1:1-2). Elimeleque tinha uma mulher, Noemi, e dois filhos, Malom e Quiliom. A cidade natal deles era Belém, famosa como o local do sepultamento de Raquel, esposa de Jacó (Gênesis 35:19). Belém, nas gerações futuras, ganharia uma fama mais duradoura, como o local do nascimento de Davi e depois, obviamente, como o local do nascimento de Cristo. A história da família de Elimeleque tornou-se um elo importante na corrente que liga a linhagem messiânica a Belém.

A fome em Israel forçou Elimeleque e sua família a buscar refúgio em Moabe, do mesmo modo que uma fome semelhante certa vez tinha levado Abraão ao Egito. Essa época deve ter sido muito desesperadora, porque até mesmo Moabe era uma região desolada na maior parte do tempo, um planalto ladeado a oeste pelo mar Morto e a leste por um deserto bem árido. As suas fronteiras, no norte e no sul, eram duas gargantas profundas de rio — o Arnom e o Zerede, respectivamente —, e elas ficavam praticamente secas por boa parte do ano. Moabe era fértil, mas era seca, e por isso a terra era, em grande parte, desprovida de árvores, mas adequada para pastagem de ovelhas e cabras.

Os moabitas eram descendentes da filha mais velha de Ló, por meio do seu relacionamento incestuoso com o próprio pai. O filho nascido dessa união ilícita foi chamado de Moabe. Ele era, obviamente, um primo de segundo grau de Jacó. Lembre-se que Ló era sobrinho de Abraão. Porém, apesar de seus ancestrais serem parentes próximos, os moabitas e os israelitas geralmente desprezavam um ao outro.

Na época das peregrinações de Israel no deserto, as mulheres moabitas seduziram de propósito os homens israelitas, depois os incitaram a participar de sacrifícios a deuses idólatras (Números 25). Moabe era a mesma nação, cujo rei, Balaque, contratou o profeta mercenário Balaão para profetizar contra Israel. Por isso, por todo o Antigo Testamento, as relações entre Israel e Moabe variaram do conflito inquieto para a completa hostilidade.

Os moabitas adoravam um deus chamado Quemós. Ele era a divindade principal deles, mas Números 25:2 sugere que eles também adoravam muitos outros. A Bíblia chama Quemós de "abominação de Moabe" (1Reis 11:7; 2Reis 23:13). A adoração desse ídolo era grotesca, envolvendo às vezes sacrifícios humanos (2Reis 3:26-27). Como os acontecimentos de Números 25 sugerem, a adoração moabita era também cheia de referências eróticas e de conduta indecente. O paganismo moabita tipificava tudo que é abominável sobre a idolatria. A cultura moabita praticamente resumia tudo que os israelitas fiéis deviam rejeitar.

Portanto, somos levados a ficar um tanto chocados e revoltados pelo fato de que Elimeleque e sua família buscaram refúgio em Moabe. Elimeleque era um fazendeiro em Belém, importante o suficiente para ser chamado de "nosso irmão" pelos anciãos daquela cidade (Rute 4:2-3). Seu nome significa "O meu Deus é rei". Esse fato, além da fé e do caráter de Noemi, sugere que ele e sua família eram judeus devotos, não pessoas mundanas descuidadas. O fato de Elimeleque ter tomado a atitude de levar sua família para Moabe é um sinal do quanto a fome era assustadoramente severa. A terra de Israel evidentemente estava seca tanto espiritual quanto fisicamente, e os tempos eram desesperadores.

A tragédia rapidamente se acumulou nessa família. Em primeiro lugar, Elimeleque morreu em Moabe, deixando Noemi viúva, com a responsabilidade dos dois filhos. Felizmente para ela, Malom e Quiliom estavam chegando à idade adulta, e logo casaram. Infelizmente, as mulheres que eles tomaram eram moabitas (Rute 1:3-4). Nenhum israelita devoto teria considerado promissor um casamento como esse. Os homens israelitas eram expressamente proibidos de se casarem com mulheres cananeias, para que os homens não fossem levados a cultuar outros deuses (Deuteronômio 7:1-3). O bom senso sugere que, por razões parecidas, o casamento com uma moabita também não era considerado adequado. Mesmo assim, Noemi e seus filhos devem ter se sentido pressionados pelas circunstâncias desesperadoras, por isso, Noemi parece ter aceitado graciosamente essas noras. Uma era chamada Orfa, que significa "teimosa"; e a outra, Rute, que significa "amizade". Rute casou com Malom (Rute 4:10), que era, aparentemente, o mais velho dos dois filhos. Orfa, então, deve ter sido a mulher de Quiliom.

Rute 1:4 diz que Noemi e seus filhos habitaram em Moabe por dez anos. Provavelmente, esse seja o tempo total que eles passaram em Moabe, em vez da quantidade de tempo que passou depois que os jovens se casaram, porque nenhum dos dois casais parecem ter tido filhos. Isso seria bem incomum depois de dez anos de casamento, mesmo em tempos de fome.

Enquanto isso, as circunstâncias não pareciam estar melhorando para Noemi. Na verdade, as coisas começaram a piorar. Tanto Malom quanto Quiliom morreram, forçando as mulheres a cuidarem de si mesmas. Naquela cultura, essa era uma situação praticamente impossível. Três viúvas, sem filhos, nem parentes responsáveis, em uma época de fome, não poderiam esperar sobreviver por muito tempo, mesmo se elas juntassem seus poucos recursos. Não sabemos qual foi a causa da morte de nenhum dos dois maridos, mas o fato de que eles pereceram é uma medida de como a vida era difícil na adversidade daqueles dias. Malom e Quiliom parecem ter morrido um logo após o outro, sugerindo que eles talvez tenham sido vítimas de alguma doença muito provavelmente relacionada à fome.

Noemi, Rute e Orfa chegaram ao fundo do poço. Por isso, quando chegou a Noemi a notícia de que a seca tinha terminado em Israel, ela logo decidiu voltar. Àquela altura, ela estava sem filhos, viúva, pobre e idosa (Rute 1:12), desprovida de terra e bens, e sem nenhum parente próximo que se habilitasse a cuidar dela. Além do mais, tinha o desejo de voltar para sua terra natal e para seu povo, então decidiu voltar para Belém.

As duas noras começaram a difícil jornada com sua sogra, mas quando Noemi pensou na situação delas, especialmente as dificuldades que as moças enfrentariam se investissem seu futuro nela, decidiu deixá-las à vontade para retornar à própria família. Parecia, para Noemi, que a mão do Senhor estava contra ela (v. 13). Ela, sem dúvida, nutria, em primeiro lugar, um amargo arrependimento por ter se mudado para Moabe. Agora, estaria abandonando seu marido e seus dois filhos sepultados naquele lugar miserável. Ela parece ter se deixado levar pelo remorso e, quem sabe, pelo sentimento de que ela, de algum modo, tinha desagradado ao Senhor por ir para Moabe. Por que suas noras deveriam sofrer por causa da mão da disciplina de Deus que estava contra ela? Ela, então, tentou convencer as moças a retornarem.

A descrição bíblica da cena — especialmente da angústia amarga que as três mulheres sentiam — causa aflição:

> Quando Noemi soube em Moabe que o Senhor viera em auxílio do seu povo, dando-lhe alimento, decidiu voltar com suas duas noras para a sua terra. Assim ela, com as duas noras, partiu do lugar onde tinha morado. Enquanto voltavam para a terra de Judá, Noemi disse às duas noras: "Vão! Voltem para a casa de suas mães! Que o Senhor seja leal com vocês, como vocês foram leais com os falecidos e comigo. O Senhor conceda que cada uma de vocês encontre segurança no lar doutro marido". Então deu-lhes beijos de despedida. Mas elas começaram a chorar bem alto.
>
> E lhe disseram: "Não! Voltaremos com você para junto de seu povo!"
>
> Disse, porém, Noemi: "Voltem, minhas filhas! Por que viriam comigo? Poderia eu ainda ter filhos, que viessem a ser seus maridos? Voltem, minhas filhas! Vão! Estou velha demais para ter outro marido. E mesmo que eu pensasse que ainda há esperança para mim — ainda que eu me casasse esta noite e depois desse à luz filhos, iriam vocês esperar até que eles crescessem? Ficariam sem se casar à espera deles? De jeito nenhum minhas filhas! Para mim é mais amargo do que para vocês, pois a mão do Senhor voltou-se contra mim!"
>
> Elas então começaram a chorar bem alto de novo. Depois Orfa deu um beijo de despedida em sua sogra, mas Rute ficou com ela.

Determinação

Rute estava determinada a ficar com Noemi, sem se importar com o preço pessoal. Provavelmente, a jovem moabita sentia que não tinha muito a perder. De acordo com o sentido do seu nome, Rute parece ter desenvolvido um grande laço de amizade e apego à sua sogra.

Noemi ainda tentou dissuadir Rute de prosseguir com ela. "Então Noemi a aconselhou: 'Veja, sua concunhada está voltando para o seu povo e para o seu deus. Volte com ela!'" (Rute 1:15). Sem dúvida, Noemi sentiu que não era o melhor para Rute ficar presa a uma velha viúva. Por outro lado, ela certamente não podia ter acreditado que seria uma boa coisa para Rute voltar para o seu povo "e para os seus deuses". Com toda a certeza, Noemi estava testando Rute, esperando convencê-la a expressar uma profissão de fé explícita em YHWH. Seria errado levar Rute para Israel e colocar uma viúva sem apoio financeiro naquela sociedade se ela não tivesse um compromisso verdadeiro com o Deus de Israel.

A resposta de Rute é um exemplo lindo de poesia no estilo hebraico:

> "Não insistas comigo que te deixe
> e não mais a acompanhe.
> Aonde fores irei, onde ficares ficarei!
> O teu povo será o meu povo
> e o teu Deus será o meu Deus!
> Onde morreres morrerei,
> e ali serei sepultada.
> Que o Senhor me castigue com todo o rigor,
> se outra coisa que não a morte me separar de ti!" (Rute 1:16-17)

Rute expressou dessa forma sua firme determinação de ficar com Noemi. Seu afeto por sua sogra era sincero. Ela ainda desejava continuar naquela família. Acima de tudo, sua devoção ao Deus de Israel era real. Esse é um testemunho incrivelmente maduro e importante de sua fé pessoal, especialmente à luz do fato que veio dos lábios de uma moça criada em uma cultura pagã. O testemunho de Noemi e de sua família deve ter causado um impacto poderoso em Rute.

Quando Noemi percebeu a firme determinação de Rute, a Bíblia diz: "[Noemi] não insistiu mais" (v. 18) — significando, obviamente, que ela desistiu de tentar dissuadir Rute de ir com ela para Belém. A alma e o destino delas estavam unidos pela sua amizade e pela sua fé em comum.

Depois de dez anos ou mais em Moabe, Noemi retornou ao convívio de pessoas que se lembravam dela e que sabiam do seu nome. A volta de Noemi não passou desapercebida. A Bíblia diz: "Todo o povoado ficou alvoroçado por causa delas. 'Será que é Noemi?', perguntavam as mulheres" (v. 19). *Noemi* significa "agradável" e, em tempos passados, seu nome devia descrevê-la perfeitamente. O fato de que tantas mulheres da cidade se lembravam dela e estavam tão contentes em vê-la sugere que ela tinha sido anteriormente uma pessoa gregária, amada por todos que a conheciam, mas agora sua vida estava tão manchada pela tristeza que ela disse às outras mulheres.

> "Não me chamem Noemi, chamem-me Mara, pois o Todo-poderoso tornou minha vida muito amarga! De mãos cheias eu parti; mas de mãos vazias o Senhor me trouxe de volta. Por que me chamam Noemi? O Senhor colocou-se contra mim! O Todo-poderoso me trouxe desgraça!" (vv. 20-21)

Essa não foi uma reclamação, mas sim um lamento do fundo do coração. Ela sabia, como Jó, que é o Senhor que dá e tira. Entendia o princípio da soberania de Deus. Ao se chamar de "Mara", ela não estava sugerindo que ela tenha se tornado uma pessoa amarga; mas (como suas palavras revelam) que a Providência lhe deu um cálice amargo para beber. Ela viu a mão de Deus no seu sofrimento, mas, longe de ficar reclamando, acho que ela estava simplesmente reconhecendo sua fé na soberania de Deus, mesmo no meio de uma vida de amargura. Tudo que a Bíblia nos diz sobre Noemi indica que ela permaneceu firme na fé em meio a todas as suas provas. Ela não era diferente de Jó — ela era uma mulher de grande fé, que suportou uma prova quase inimaginável sem vacilar em seu amor por YHWH e seu compromisso com a vontade dele em nenhum instante. Por isso, a expressão da sua fé é realmente impressionante, sem um pingo de ressentimento.

Elimeleque tinha um parente rico chamado Boaz, que tinha prosperado, apesar dos anos de fome. Ele era um grande fazendeiro, de influência considerável. A Bíblia diz que ele "pertencia ao clã de Elimeleque", mas não revela o grau de parentesco. Ele poderia até ser irmão de Elimeleque, mas isso não parece muito provável, já que ele não era, tecnicamente, o parente mais próximo de Noemi (Rute 3:12). Ele era, mais provavelmente, um primo ou sobrinho de Elimeleque.

Boaz também era um descendente direto de Raabe. Mateus 1:5 diz "Salmom gerou Boaz de Raabe", e isso concorda com Rute 4:21, mas o número de anos entre a queda de Jericó e o início da dinastia davídica sugere ter havido mais outras gerações entre Salmom e Davi do que se encontra mencionado de forma explícita tanto em Mateus 1 quanto em Rute 4. A genealogia hebraica geralmente usava um tipo de taquigrafia, pulando gerações entre ancestrais bem-conhecidos. Mateus parece fazer isso de propósito para chegar a um tipo de simetria numérica na lista genealógica (Mateus 1:17) — provavelmente, para ajudar na memorização. Por isso, em vez de ser o filho imediato de Raabe, Boaz pode muito bem ter sido um bisneto. Mesmo assim, ele se encontra na linhagem direta de Raabe. Sua associação com Raabe certamente levou seu coração a ter simpatia pela situação de uma mulher estrangeira como Rute, que adotou YHWH com uma fé que lembrava a de Raabe.

Redenção

Ao concordar em voltar com Noemi, Rute estava consentindo em ajudar a mulher idosa. As informações bíblicas sugerem que Rute ainda era bem jovem e forte fisicamente. Por isso, ela foi trabalhar nos campos, colhendo o que os segadores deixavam para trás para providenciar cereais suficientes para subsistirem de forma precária.

A lei bíblica estabeleceu essa prática como um meio pelo qual até as pessoas mais necessitadas em Israel sempre pudessem ganhar o sustento. Os textos de Levítico 19:9-10; 23:22 e Deuteronômio 24:19-21 exigiam que, quando houvesse a colheita, tudo o que caísse dos feixes deveria ser deixado para trás de propósito. Quando o fruto era colhido das árvores e das vinhas, parte dela era deixada sem colher, então o restante da colheita ficava livre para ser colhido por qualquer pessoa que se dispusesse.

As opções de Rute se limitavam a isso, somente isso. Ela não tinha parentes, além de sua sogra. O parente mais próximo de Noemi não era nem próximo o suficiente para ter a obrigação legal de sustentá-la. Sem nenhum meio visível de sustento, Rute sentiu a necessidade de trabalhar nos campos de cevada, então, ela pediu e conseguiu a permissão de Noemi (Rute 2:2).

Quando se apresentou, ela colheu em um dos campos de Boaz, e ele a viu. A linguagem do texto sugere que isso foi totalmente por acaso — "Por acaso entrou justamente na parte da plantação que pertencia a Boaz" (v. 3) —, mas nós sabemos, a partir do ensino claro das Escrituras, que o próprio Deus, providencialmente, orquestrava esses acontecimentos (Provérbios 16:33). Nada acontece por "acaso", mas Deus está sempre nos bastidores, operando todas as coisas para o bem do seu povo (Romanos 8:28). Não existe "sorte" ou "destino" para os cristãos.

Foi bem nesse dia que Boaz visitou seus campos para verificar o andamento da colheita. Quando ele notou Rute, ele interessou-se imediatamente. Ela era obviamente jovem, capaz e diligente. Boaz procurou o capataz da sua equipe e perguntou sobre Rute.

O servo principal respondeu: "É uma moabita que voltou de Moabe com Noemi. Ela me pediu que a deixasse recolher e juntar espigas entre os feixes, após os ceifeiros. Ela chegou cedo e está de pé até agora. Só sentou-se um pouco no abrigo" (Rute 2:6-7).

Boaz imediatamente percebeu, com certeza, que essa mulher era sua parente por afinidade, então, começou a demonstrar-lhe um favor especial. Ele a incentivou a colher somente nos seus campos e a se aproximar dos seus segadores. Deu a ela permissão para beber da água que ele fornecia aos seus servos, e instruiu a seus jovens que não a tocassem.

Rute, comovida pela bondade gentil e pela generosidade, sabia muito bem que essa extrema liberalidade era muito incomum, especialmente quando é dirigida a uma mulher pobre de uma terra estrangeira. Ela se inclinou e, prostrada rosto em terra, exclamou: "Por que achei favor a seus olhos, a ponto de o senhor se importar comigo, uma estrangeira?" (v. 10).

Boaz explicou-lhe que tinha ouvido falar de sua fidelidade extraordinária a Noemi e sobre os grandes sacrifícios que ela tinha feito para vir a uma terra estrangeira. Depois, deu-lhe uma bênção incomum, que revela como ele era piedoso: "O Senhor lhe retribua o que você tem feito! Que você seja ricamente recompensada pelo Senhor, o Deus de Israel, sob cujas asas você veio buscar refúgio!" (v. 12).

A resposta dela foi igualmente graciosa e linda pela sua humildade: "Continue eu a ser bem acolhida, meu senhor! O senhor me deu ânimo e encorajou sua serva — e eu sequer sou como uma de suas servas!" (v. 13).

Nesse primeiro encontro, Boaz, imediatamente, pareceu apaixonado por Rute. Ele a convidou para comer com seus trabalhadores na hora da refeição e, pessoalmente, providenciou que ela tivesse comida suficiente para se satisfazer. Ele instruiu a seus trabalhadores para que a permitisse coletar entre seus feixes, e até os incentivou a deixar o cereal deles cair de propósito, em favor de Rute. Desse modo, Boaz tornou o fardo do trabalho dela mais leve e aumentou sua recompensa.

Ainda assim, Rute continuou a trabalhar duro o dia todo. "E assim Rute colheu na lavoura até o entardecer". Depois, debulhou o que tinha ajuntado: quase uma arroba de cevada. Isso equivalia a dezoito litros, mais ou menos o suficiente para sustentar Rute e Noemi por cinco dias ou mais. Isso era cerca de quatro vezes o que um segador esperaria juntar num dia tipicamente bom. Rute levou o cereal, e também restos de comida do almoço, e deu a Noemi.

Noemi ficou claramente surpresa e contente com a prosperidade incrível de Rute. Ela parece ter entendido instintivamente que Rute não poderia ter feito isso sem a ajuda de alguém. Então, perguntou onde Rute tinha colhido e pronunciou uma bênção especial para "aquele que se importou com você" (v. 19).

Quando Rute contou para ela que o homem que tinha sido seu benfeitor se chamava Boaz, Noemi instantaneamente viu a mão de Deus na bênção: "E Noemi exclamou: 'Seja ele abençoado pelo Senhor, que não deixa de ser leal e bondoso com os vivos e com os mortos!' E acrescentou: 'Aquele homem é nosso parente; é um de nossos resgatadores!'" (v. 20).

A palavra hebraica traduzida por "um de nossos resgatadores" é *goel*. É um termo técnico que significa bem mais do que "parente próximo". O *goel* era um parente que vinha para resgatar. A palavra *goel* inclui a ideia de redenção ou livramento. Na verdade, para expressar a ideia de forma mais perfeita, os especialistas no Antigo Testamento, às vezes, falam de *goel* como um "parente-redentor". Nas Escrituras, a palavra, às vezes, é traduzida como "redentor" (Jó 19:25) e, às vezes, "vingador" (Números 35:12).

O *goel* era, geralmente, um homem importante na família estendida de alguém. Ele era o guardião oficial da honra da família. Se a ocasião surgisse, ele seria aquele que vingaria o sangue de um parente assassinado (Josué 20:2-9). Ele poderia comprar de volta terras da família que tinham sido vendidas em tempos de aperto (Levítico 25:23-28). Ele podia pagar o preço da redenção pelos membros da família vendidos como escravos (Levítico 25:47-49). Ou, se ele fosse solteiro ou viúvo, e, por isso, apto para casar, poderia restabelecer a linhagem da família quando alguém morria sem herdeiro, casando-se com a viúva e sendo pai dos descendentes que herdariam o nome e a propriedade daquele que morreu. Isso era conhecido como a lei do levirato, e Deuteronômio 25:5-10 o apresentava como *dever* em casos que um irmão — obviamente, solteiro e supostamente mais novo — estava morando no lar de um irmão casado que morreu. Se o irmão vivo se recusasse a cumprir o dever de *goel*, casando-se com a viúva do seu irmão, ele era tratado com desprezo por toda a sociedade.

O Antigo Testamento coloca bastante destaque no papel do *goel*. Havia um aspecto redentor importante quanto à função dessa pessoa. Todo parente-remidor era, na verdade, um símbolo vivo da posição e da obra de Cristo com relação ao seu povo: ele é o nosso parente-remidor verdadeiro, que se torna nosso irmão humano, compra-nos de volta da nossa escravidão ao mal, redime nossa vida da morte, e, finalmente, devolve-nos tudo o que perdemos por causa do nosso pecado.

Boaz se tornaria o *goel* de Rute. Ele remiria sua vida da pobreza e da viuvez. Seria o seu libertador — e Noemi percebeu o potencial dessa feliz reviravolta no momento em que soube que era Boaz que tinha se interessado em Rute. Noemi incentivou a moça a seguir as instruções de Boaz e permanecer exclusivamente em seus campos. Rute fez isso até o final da época da colheita (Rute 2:21-23).

Noemi viu que seu dever, como sogra, era buscar uma segurança a longo prazo para essa moça moabita fiel, que tinha provado sua lealdade, generosidade, dedicação e força de caráter de forma tão graciosa por toda a época quente e difícil da colheita. Em uma cultura onde os casamentos arranjados eram a norma, isso significava fazer o que pudesse para orquestrar um casamento entre Rute e Boaz.

Por ser mulher, o protocolo proibia Noemi de abordar Boaz para arranjar um casamento para Rute. Na verdade, não havia alusão que Noemi tivesse falado com Boaz sobre qualquer assunto desde seu retorno a Moabe. Mesmo assim, desde o começo, Noemi claramente tinha uma intuição sobre o interesse de Boaz em Rute. Tendo observado e esperado por toda a época da colheita, ela, aparentemente, concluiu que Boaz precisava de uma ajuda sutil para tomar a iniciativa. O desenrolar final dos acontecimentos sugere que os instintos de Noemi estavam absolutamente certos.

A Bíblia não menciona se Boaz já tinha se casado alguma vez. De acordo com a tradição judaica, ele era um solteirão por toda a vida. Pode ser que ele tenha tido alguma imperfeição física ou algum detalhe no caráter que atrapalhava o arranjo adequado de casamento. No mínimo, ele precisava desesperadamente de uma ajuda. Apesar de, obviamente, ter tido um forte interesse em Rute desde o primeiro instante que a viu, não parece ter passado pela sua cabeça desempenhar o papel de *goel* em favor dela. Pelo seu próprio testemunho (Rute 3:10), ele estava surpreso que Rute não o considerou inadequado para o casamento.

No entanto, Noemi tinha avaliado a situação de forma correta, e disse a Rute o que ela deveria fazer. O esquema de Noemi era corajoso e totalmente fora do comum. Com certeza, Rute, como estrangeira, poderia sempre alegar não conhecer o costume judaico, mas se o plano de Noemi tivesse sido descoberto anteriormente pelo povo da comunidade, a polícia da propriedade ficaria em alerta. Na verdade, o esquema não envolvia nenhuma injustiça ou indecência real. Com efeito, Noemi não teria pedido a Rute para comprometer sua virtude ou renunciar à modéstia piedosa.

Ainda assim, o que Noemi aconselhou Rute a fazer era escandalosamente audacioso. Mesmo para o pensamento esclarecido do século XXI, parece surpreendentemente ousado. Seu plano era que Rute pedisse Boaz em casamento! Ela disse a Rute:

> "Lave-se, perfume-se, vista sua melhor roupa e desça para a eira. Mas não deixe que ele perceba você até que tenha comido e bebido. Quando ele for dormir, note bem o lugar em que ele se deitar. Então vá, descubra os pés dele e deite-se. Ele lhe dirá o que fazer." (Rute 3:3-4)

Pelo costume da época, isso indicaria que Rute estava disposta a se casar com Boaz.

Era o final da época da colheita. A eira era um local, geralmente ao ar livre, onde o cereal era cirandado. Isso envolvia jogar o cereal para cima no ar em brisa, de modo que o joio fosse soprado para fora. Boaz trabalharia até tarde, dormiria ao relento na eira a noite toda, e depois acordaria cedo e voltaria a cirandar. Desse modo, ele aumentaria suas horas de trabalho e protegeria seu cereal durante a noite. Boaz trabalhou até tarde da noite, teve uma pequena refeição e se deitou ao lado da pilha de cereal para dormir. A Bíblia diz que ele "ficou alegre" (Rute 3:7). A colheita era abundante. Depois de anos de fome, Boaz estava radiante com sua prosperidade.

De acordo com as instruções de Noemi, Rute "aproximou-se sem ser notada, descobriu os pés dele, e deitou-se" (v. 7). Boaz estava tão exausto que nem a notou, até que acordou no meio da noite e se assustou em achar uma mulher deitada a seus pés.

Ele disse: "Quem é você?".

Ela respondeu: "Sou sua serva, Rute. Estenda a sua capa sobre a sua serva, pois o senhor é [*goel*]". Rute usou a mesma linguagem (literalmente, "sob sua asa") da bênção que Boaz lhe tinha dado (2:12). Esse era, com efeito, um pedido de casamento.

Isso foi recebido como uma bênção impressionante e inesperada por Boaz. De acordo com Rute 3:10-13:

> Boaz lhe respondeu: "O Senhor a abençoe, minha filha! Este seu gesto de bondade é ainda maior do que o primeiro, pois você poderia ter ido atrás dos mais jovens, ricos ou pobres! Agora, minha filha, não tenha medo; farei por você tudo o que me pedir. Todos os meus concidadãos sabem que você é mulher virtuosa. É verdade que sou resgatador, mas há um outro que é parente mais próximo do que eu. Passe a noite aqui. De manhã veremos: se ele quiser resgatá-la, muito bem, que resgate. Se não quiser, juro pelo nome do Senhor que eu a resgatarei. Deite-se aqui até de manhã".

A Bíblia não identifica o homem que realmente era o parente próximo de Noemi. Ele, certamente, ou teria sido um irmão mais velho ou um primo de Boaz. Boaz soube imediatamente quem era, e ele sabia que o costume exigia deixar a decisão a cargo desse outro parente. Ele explicou a situação a Rute, jurou a ela sua disposição pessoal de ser o *goel* dela se isso fosse possível, e pediu que ela continuasse deitada a seus pés durante a noite.

Com certeza, não aconteceu nada imoral, e a Bíblia é clara sobre isso. Porém, Boaz, com o intuito de proteger a honra de Rute, a acordou e mandou que ela fosse para casa antes do amanhecer. Ele lhe deu uma porção generosa de cereal como presente para Noemi, dizendo: "Não volte para sua sogra de mãos vazias" (v. 17).

Noemi, com certeza, estava esperando ansiosamente por notícias sobre o que aconteceu. Rute lhe contou toda a história, e Noemi, cuja intuição feminina era impecável, disse: "Agora espere, minha filha, até saber o que acontecerá. Sem dúvida aquele homem não descansará enquanto não resolver esta questão hoje mesmo" (v. 18).

Ela tinha toda a razão. Boaz foi imediatamente ao portão da cidade e encontrou o parente mais próximo de Noemi. Os dois se sentaram na presença de dez anciãos da cidade e negociaram o direito para ser *goel* de Rute.

O dever incluía, em primeiro lugar, comprar de volta a propriedade de Elimeleque. Em Israel, porções de terra eram parte do legado duradouro da família, de geração em geração. Os lotes de terra da família não podiam ser vendidos de forma permanente. (Levítico 25:23). O imóvel que era "vendido" para pagar dívidas, permanecia em poder do comprador somente até o ano do Jubileu, momento em que retornava à posse da família do dono original. Esse acordo ajudava a manter o equilíbrio da distribuição de riqueza em Israel, e queria dizer que a venda de imóveis, na verdade, parecia mais com um aluguel a longo prazo. A terra vendida para saldar dívidas também poderia ser remida a qualquer momento pelo vendedor ou pelo seu *goel*. Já que Elimeleque não possuía herdeiros, a propriedade que ele e Noemi tinham vendido para pagar suas dívidas se tornaria automaticamente uma propriedade permanente de qualquer um que atuasse como *goel* de Noemi, remindo sua propriedade. Isso tornou a proposta realmente atraente.

Boaz disse: "Se quer resgatar esta propriedade, resgate-a. Se não, diga-me, para que eu o saiba. Pois ninguém tem esse direito, a não ser você; e depois eu" (Rute 4:4).

Ele, depois, explicou que havia um porém. Já que Elimeleque não tinha herdeiro sobrevivente, aquele que seria seu herdeiro legítimo [Malom] tinha deixado uma viúva. Portanto, ele explicou: "No dia em que você adquirir as terras de Noemi e da moabita Rute, estará adquirindo também a viúva do falecido, para manter o nome dele em sua herança" (v. 5).

Isso mudou um pouco as coisas, porque, se Rute casasse novamente com alguém sob o princípio do levirato, e ela tivesse um herdeiro em nome de Malom, o direito à terra de Elimeleque passaria atualmente ao descendente de Rute. O único meio de eliminar esse risco seria se casar com Rute. O parente próximo anônimo de Rute não podia ou não queria se casar com ela, e ele não queria correr um risco caro, que poderia prejudicar a herança dos filhos. Então, ele disse a Boaz: "Nesse caso não poderei resgatá-la, pois poria em risco a minha propriedade. Resgate-a você mesmo. Eu não poderei fazê-lo!" (v. 6).

Então, um contrato formal foi selado publicamente, como de costume: o parente tirou sua sandália e deu a Boaz (v. 8), dando a ele, na prática, o direito de ficar em seu lugar como *goel* para Rute e Noemi.

Em seguida, Boaz disse aos anciãos e a todas as pessoas:

> "Vocês hoje são testemunhas de que estou adquirindo de Noemi toda a propriedade de Elimeleque, de Quiliom e de Malom. Também estou adquirindo o direito de ter como mulher a moabita Rute, viúva de Malom, para manter o nome do falecido sobre a sua herança e para que o seu nome não desapareça do meio da sua família ou dos registros da cidade. Vocês hoje são testemunhas disso!" (vv. 9-10)

Todos amam uma boa história de amor, e o povo de Belém não foge à regra. Quando a notícia da transação incomum que aconteceu no portão da cidade foi divulgada, os habitantes da cidade começaram a se reunir. Eles pronunciaram uma bênção sobre Boaz e sua futura noiva.

> "Somos testemunhas! Faça o Senhor com essa mulher que está entrando em sua família, como fez com Raquel e Lia, que juntas formaram as tribos

> de Israel. Seja poderoso em Efrata e ganhe fama em Belém! E com os filhos que o Senhor lhe conceder dessa jovem, seja a sua família como a de Perez, que Tamar deu a Judá!" (vv. 11-12)

A bênção demonstrou ser profética. Boaz e Rute se casaram, e o Senhor logo os abençoou com um filho. No nascimento da criança, as mulheres de Belém também lhe deram uma bênção:

> "Louvado seja o Senhor, que hoje não a deixou sem resgatador! Que o seu nome seja celebrado em Israel! O menino lhe dará nova vida e a sustentará na velhice, pois é filho da sua nora, que a ama e que lhe é melhor do que sete filhos!" (vv. 14-15)

Tudo isso também aconteceu, e como o versículo 17 explica: "As mulheres da vizinhança celebraram o seu nome e disseram: 'Noemi tem um filho!' e lhe deram o nome de Obede. Este foi o pai de Jessé, pai de Davi". Em outras palavras, Rute foi a bisavó de Davi.

Esse foi o modo pelo qual Rute, uma mulher moabita que parecia condenada ao fracasso, cuja lealdade e fé a levaram a deixar seu próprio povo e ser levada como estrangeira para a terra de Israel, tornou-se mãe na linhagem real que finalmente produziria seu primeiro grande rei. Seu descendente mais conhecido seria a Semente de Abraão e o Libertador esperado por Eva.

Rute é o símbolo adequado de todo cristão, e até mesmo da própria igreja — redimida, trazida a uma posição de grande favor, dotada de riquezas e privilégios, exaltada para ser a própria noiva do Redentor, e amada por ele com o afeto mais profundo. Essa é a razão pela qual a história extraordinária da sua redenção deve fazer com que o coração de todo cristão verdadeiro exploda em profunda alegria e gratidão por aquele que, de forma semelhante, nos remiu do pecado.

5

Ana
Um retrato da graça feminina

Então Ana orou assim: "Meu coração exulta no Senhor; no Senhor minha força é exaltada. Minha boca se exalta sobre os meus inimigos, pois me alegro em tua libertação".

1Samuel 2:1

O nome Ana significa "graça". É um nome adequado para uma mulher cuja vida foi coroada com a graça e se tornou um símbolo vivo da graça da maternidade. O estudo da vida dessa mulher revela o perfil clássico de uma serva de Deus.

No entanto, Ana quase perdeu a esperança de ser mãe. Sua experiência reflete a de Sara de um modo bem forte. Do mesmo modo que Sara, ela não tinha filhos e se angustiava muito por causa disso. O casamento das duas era carregado de tensão por causa da bigamia do marido. As duas finalmente receberam a bênção que buscavam de Deus e, nos dois casos, a resposta à oração delas acabou sendo extrema e abundantemente mais importante do que teriam a ousadia de pedir ou pensar. O filho de Ana, Samuel, foi o último dos juízes. Ele também foi um sacerdote — aquele que inaugurou a linhagem real verdadeira de Israel ungindo Davi como rei. Samuel se tornou uma figura eminente na história de Israel. Por isso, a vida de Ana, frequentemente, reflete a vida da matriarca original, Sara. Acima de tudo, ela espelhou a fé incrível e a perseverança que ela tinha.

De um modo semelhante, Ana também prefigurou Maria, a mãe de Jesus. A oração de dedicação de Ana, em 1Samuel 2:1-10, foi o modelo do Magnificat de Maria, em Lucas 1:46-55. Tanto Ana quanto Maria dedicaram formalmente o seu primogênito ao Senhor (1Samuel 1:24-28; Lucas 2:22-24). Render-se à vontade de Deus acabaria custando caro para as duas em termos de sofrimento emocional. No caso de Ana, isso se traduziu no sofrimento doloroso de separação de seu próprio filho. Samuel saiu de casa para começar seu treinamento em tempo integral no tabernáculo, enquanto ainda era uma criança bem novinha, numa época em que a maioria das crianças desfrutava do conforto dos braços da mãe.

A ESPERANÇA QUERIDA

Ana era diferente das mulheres que estudamos até agora, porque ela não estava na genealogia do Messias, mas sua famosa oração dedicatória, quando ofertou seu filho a Deus, é, na verdade, um hino profético para o Messias de Israel. De um modo bem claro, Ana cultivou a mesma esperança messiânica que estruturou a visão de mundo de quase todas as mulheres extraordinárias que estamos estudando.

Na verdade, já que Ana é a última mulher do Antigo Testamento que vamos estudar, é válido mencionar o quanto a expectativa messiânica é importante no Antigo Testamento — não somente na vida dessas poucas mulheres, mas por toda a lei, e por todos os salmos e profetas (Lucas 24:44). O tema lança um fio de vermelho brilhante costurado na trama do Antigo Testamento. Em uma passagem ou outra, ela aflora ousadamente à superfície na forma de profecias e promessas específicas, mas, geralmente, se esconde logo abaixo da superfície, onde permanece como uma sugestão constante — sempre identificável, mas raramente visível, e nunca realmente muito deslocada do centro da trama. É a base verdadeira de todos os outros temas do Antigo Testamento.

Amo, em especial, o modo pelo qual a promessa messiânica passa ao primeiro plano toda vez que pensamos sobre as principais mulheres do Antigo

Testamento. O fato é que todos os homens e mulheres verdadeiramente justos do Antigo Testamento tinham o mesmo anseio pelo Messias vindouro. Ele era o foco e o tema de todas as suas esperanças futuras.

Em outras palavras, Cristo sempre foi o único objeto verdadeiro de toda a fé salvadora — até mesmo na época do Antigo Testamento. Bem antes de ter se revelado explicitamente na carne humana, o Redentor foi prometido. Apesar de o entendimento dos santos do Antigo Testamento ter sido vago e obscuro, o Redentor prometido, verdadeiramente, era o alvo de toda a sua esperança de salvação. Jó, cuja história é uma das mais antigas expressões de fé registradas nas Escrituras, deu esse testemunho no vale mais profundo dos seus piores problemas: "Eu sei que o meu Redentor vive, e que no fim se levantará sobre a terra. E depois que o meu corpo estiver destruído e sem carne, verei a Deus. Eu o verei, com os meus próprios olhos; eu mesmo, e não outro! Como anseia no meu peito o coração!" (Jó 19:25-27). A fé de Jó incluía até a expectativa da ressurreição do seu corpo!

A fé dos fiéis verdadeiros sempre teve esta perspectiva cristocêntrica. Não é à toa que a esperança messiânica era tão importante no coração e na mente dessas mulheres extraordinárias. Era a própria essência da fé, pela qual elas tomaram posse das promessas de Deus. Por isso que a fé era o segredo de tudo que as fez realmente extraordinárias!

Uma herança piedosa

Ana era uma mulher desconhecida que morava em uma parte distante de Israel com seu marido Elcana. Ana e Elcana constituíram seu lar no território ocupado pela tribo de Efraim. Lê-se em 1Samuel 1:1 que o tataravô de Elcana, Zufe, era um efraimita, mas isso claramente identifica somente o território onde a família morava, não sua descendência. Sabemos disso porque 1Crônicas 6:22-27 traz uma genealogia detalhada de Elcana, mostrando que ele realmente descendia de Levi, através de Coate.

Os coatitas eram uma das linhagens principais da tribo de Levi. Esse clã era importante. Moisés e Arão eram coatitas, de acordo com 1Crônicas 6:2-3. Os filhos de Coate receberam a responsabilidade pelos móveis mais importantes do tabernáculo, inclusive pela arca da aliança (Números

3:30-31). Quando Israel levantava o acampamento de um lugar para o outro no deserto, era o dever dos coatitas desmontar o Lugar Santíssimo e transportar a arca e todos os utensílios sagrados seguindo um procedimento rigoroso (4:4-16).

Assim que Israel ocupou a Terra Prometida de forma permanente e o tabernáculo foi finalmente situado em Siló, os coatitas parecem ter se dedicado a outras funções sacerdotais — especialmente liderar a música, a oração e o louvor no tabernáculo (1Crônicas 6:31-33). Por isso, um dos antepassados próximos de Elcana era conhecido como "o músico Hemã", de acordo com o versículo 33.

Os levitas eram a única tribo em Israel para a qual não foi repartido nenhum território próprio e independente, porque eram a tribo sacerdotal, e o próprio Senhor era a sua herança (Números 18:20). Então, quando a terra de Israel foi dividida e distribuída de acordo com as outras doze tribos, os levitas foram espalhados por toda a nação. Eles receberam lotes modestos de pastagens e campos para cultivar em cidades escolhidas de todo o Israel (Números 18:24-32).

Ana fielmente viajava com Elcana para visitar o tabernáculo todo ano para adorar a Deus e oferecer um sacrifício. A Bíblia os retrata como uma família devota, vivendo em um período sombrio da história de Israel. O texto bíblico nos recorda que na época em que Elcana fazia viagens regulares para Siló, para cultuar e oferecer seu sacrifício, naquele lugar, "Hofni e Fineias, os dois filhos de Eli, eram sacerdotes do Senhor" (1Samuel 1:3).

Hofni e Fineias foram dois dos piores sacerdotes que podemos encontrar nas páginas das Escrituras. Eles eram homens gananciosos que ilegalmente — e, às vezes, forçadamente — tomavam para si a melhor parte das ofertas do povo (1Samuel 2:13-16). Pior ainda, eles usavam sua posição como sacerdotes para seduzir as moças (v. 22). Eles tinham, na prática, transformado o tabernáculo em uma casa indecente e tinham formado uma espécie de máfia sacerdotal, intimidando os adoradores e demonstrando desprezo pela lei de Deus de forma flagrante. O resultado óbvio era que o povo de Israel passou a odiar o ato de trazer suas ofertas para o Senhor (v. 17). Todo o povo de Israel sabia o que Hofni e Fineias estavam fazendo, mas seu pai,

Eli, só fez uma tentativa superficial para repreendê-los, apesar de ele ser o sumo sacerdote (v. 24).

Com certeza, a manifestação visível da glória de Deus, que outrora residiu sobre a arca da aliança, já tinha se afastado. A própria arca passou a ter pouco valor para os israelitas. Hofni e Fineias a tratavam como talismã. O pior momento foi quando eles a levaram à batalha contra os filisteus, achando que isso garantiria a vitória para Israel. Em vez disso, os filisteus derrotaram a Israel completamente e capturaram a arca. A arca nunca mais voltou ao tabernáculo, em Siló. Depois da sua recuperação dos filisteus, a arca permaneceu praticamente abandonada por cerca de cem anos em uma casa particular, em Quiriate-Jearim, até que Davi a resgatou e a trouxe para Jerusalém, em preparação para o templo que Salomão construiria ali.

A perda da arca (1Samuel 4:10-11) aconteceu só uns poucos anos depois que Ana nos é apresentada nas Escrituras (1:2). Esse foi o momento culminante e definitivo daquela época relapsa. A propósito, naquela mesma batalha em que a arca foi capturada, Hofni e Fineias foram mortos. Logo que recebeu a notícia, Eli sofreu uma queda por causa do susto e veio a falecer. A esposa de Fineias deu à luz uma criança logo depois disso, e ela a chamou de Icabode, que significa "A glória se foi" (4:12-22). Essa foi uma descrição adequada de toda aquela época da história de Israel. Foi, de fato, um tempo de grande escuridão espiritual.

Uma ambição santa

Apesar de seu caráter amável, a vida familiar de Ana era, geralmente, conturbada e infeliz. Seu marido era bígamo. Nas palavras das Escrituras: "Ele tinha duas mulheres; uma se chamava Ana, e a outra Penina. Penina tinha filhos, Ana, porém, não tinha" (1Samuel 1:2). Obviamente, essa situação causava um conflito grave na família. Penina — chamada de "rival" de Ana (v. 6) — a provocava de propósito, irritando-a com o fato de que o Senhor tinha se recusado a lhe dar filhos.

Elcana preferia Ana. Ele a amava profundamente, mas isso somente aumentava a amarga rivalidade entre as mulheres. Essa discórdia era uma consequência inevitável da bigamia de Elcana. Com certeza, uma das razões óbvias para a qual Deus, em primeiro lugar, criou o casamento, foi para evitar esse tipo de conflito dentro da família.

Ana estava em angústia constante por causa da sua esterilidade. Ela foi ainda mais atormentada pelos insultos capciosos de Penina. O fardo e a tensão tornaram sua vida quase insuportável. Ana chorava amargamente, e, às vezes, ela, literalmente, nem mesmo conseguia se alimentar (1:7). Ela queria muito ser mãe. Essa era sua ambição na vida.

Tenho certeza de que não se tratava de uma pretensão egoísta. A maneira pela qual Ana dedicou imediatamente seu primeiro filho ao Senhor e o entregou para servir no tabernáculo com tão pouca idade demonstra a pureza de suas intenções. Ela entendia que a maternidade é o chamado mais sublime que Deus pode conceder a uma mulher.

Isso não quer dizer, obviamente, que a maternidade seja a *única* função adequada para a mulher. A Bíblia reconhece que é vontade de Deus para algumas mulheres permanecerem solteiras (1Coríntios 7:8-9). Na sabedoria da sua providência, ele também ordenou que algumas mulheres casadas permanecessem perpetuamente sem filhos (veja Salmos 127:3). Não se exige, de modo algum, que a mulher seja casada ou mãe antes de ser útil na obra de Deus. Miriã, a irmã de Moisés, e Débora, que serviu como juíza e libertadora em Israel, são exemplos bíblicos de mulheres que Deus usou poderosamente, independentemente de serem casadas ou mães. Débora era casada, mas recebeu notoriedade por causa de uma função, que nada tinha a ver com ser esposa ou mãe.

Mesmo assim, a Bíblia frequentemente retrata o casamento como "a graça da vida" (1Pedro 3:7) e a maternidade como o chamado mais sublime que uma mulher pode receber. A maternidade é, afinal de contas, a vocação que Deus criou especialmente para que as mulheres seguissem, e nenhum homem pode se intrometer no papel de mãe. Quem sabe você já tenha notado como a glória e a dignidade da maternidade se destacaram, de um modo ou de outro, como temas importantes na vida de todas as mulheres sobre as quais tratamos até agora. Esse é o caso da maioria das principais mulheres das Escrituras. A Bíblia as honra por serem fiéis em sua própria casa. Ou, no caso de Raabe e Rute, lembramo-nos delas porque, pela fé, elas foram libertas da escravidão do mundo e elevadas para a função mais sublime de esposa e mãe. Raramente, nas Escrituras, as mulheres se destacaram e foram elogiadas por façanhas ou carreiras fora da esfera familiar. A honra e a distinção das mulheres, na Bíblia, tiveram um vínculo bem íntimo com o lar e com a família. Ana entendia isso, e desejava sinceramente assumir a função nobre de ser mãe.

De fato, o alto valor que a Bíblia dá à maternidade, geralmente, é desprezado pela nossa época "mais esclarecida". Na verdade, nesta geração, a maternidade é frequentemente ridicularizada e desvalorizada até em nome dos "direitos da mulher", mas, desde o princípio, o plano de Deus tem sido que as mulheres devem treinar e criar filhos piedosos e, desse modo, deixar uma influência poderosa sobre a sociedade por meio do lar (1Timóteo 5:10; Tito 2:3-5). Ana é uma ilustração clássica de como isso funciona. Ela é uma lembrança de que a mulher é a formadora do homem e a arquiteta da próxima geração. A oração sincera que ela fez para ter um filho foi o começo de uma série de acontecimentos que ajudaram a fazer com que a escuridão e o atraso espiritual recuassem em Israel. Ela pôs em ação uma sequência de acontecimentos que, finalmente, conduziriam a um despertamento espiritual profundo quando do surgimento da dinastia davídica.

Encontramos Ana pela primeira vez no momento em que Israel estava precisando desesperadamente de um grande líder e de um grande homem. Ana veio a ser a mulher que Deus usou para ajudar na formação desse homem. Samuel provou ser aquele que podia suprir essa necessidade de liderança. Seu caráter exibia o selo da influência de sua mãe, apesar de ter saído de casa com tão pouca idade.

Creio que a influência de Ana como mãe e esposa piedosa se identifica por meio dos três grandes amores de sua vida.

O AMOR POR SEU MARIDO

Desde o princípio do relato bíblico sobre a sua família fica evidente que Ana tinha um amor profundo por Elcana, exatamente o que ele tinha por ela. Quando eles apresentavam uma oferta pacífica ao Senhor (um sacrifício no qual o ofertante assa o animal sacrificial e participa de uma festa para o Senhor), Elcana dava porções para Penina e para todos os seus filhos, mas dava porção dobrada para Ana, por causa do seu grande amor por ela (1Samuel 1:4-5). Essa era uma distinção pública que ele lhe concedia de um modo regular e proposital na presença de todos na festa.

Obviamente, o casamento de Ana não era perfeito, principalmente por causa do ciúme e da rivalidade que a bigamia de seu marido causava. Ana parecia ter sido sua primeira mulher, já que ela é mencionada primeiro (v. 2). Aparentemente, Elcana se casou posteriormente com Penina por causa da esterilidade de Ana. Lembre-se que se considerava uma questão de vida ou morte naquela cultura ter filhos que poderiam manter a herança e o nome da família. Essa foi a mesma razão pela qual Abraão assumiu a bigamia, casando-se com Hagar. Esse, sem dúvida, é o motivo principal pelo qual vemos tanta poligamia no Antigo Testamento.

Entretanto, o casamento de Ana, apesar de ser prejudicado pelos conflitos, permanecia firme. Elcana, obviamente, amava Ana com uma afeição sincera, e ele sabia que ela correspondia a esse amor. Na verdade, ele tentou consolá-la com a doce lembrança do seu amor por ela: "Ana, por que você está chorando? Por que não come? Por que está triste? Será que eu não sou melhor para você do que dez filhos?" (v. 8). Esse apelo fez a diferença, pelo menos naquele momento, porque Ana imediatamente se levantou, comeu e depois se dirigiu ao tabernáculo (v. 9).

O amor de Ana por seu marido é o primeiro segredo para entender sua profunda influência como mãe. Ao contrário da opinião popular, a característica mais importante de uma mãe piedosa não é o relacionamento com os *filhos*, mas sim o amor pelo *marido*. O amor entre marido e mulher é o verdadeiro segredo de uma família próspera. Um ambiente familiar saudável tem *o casamento* no centro; as famílias não devem girar em torno dos filhos.

Além disso, todo pai ou mãe deve considerar essa lição: o que se comunica aos filhos pelo relacionamento conjugal permanecerá com eles pelo resto da vida. Ao observarem como o pai e a mãe se tratam, eles aprendem as lições mais fundamentais da vida — o amor, a renúncia, a integridade, a virtude, o pecado, a compreensão, a compaixão, o entendimento e o perdão. Tudo o que se ensinar a eles sobre essas coisas, de certo ou de errado, é semeado de forma profunda dentro do coração.

Esse destaque na centralidade do casamento ficou muito claro entre Elcana e Ana. Mesmo com todas as questões domésticas, eles tinham um casamento saudável e um amor permanente um pelo outro. Essa incapacidade de ter filhos era como uma ferida aberta, mas foi uma experiência que despertou expressões ternas de amor de Elcana por sua mulher, e, mesmo se tratando de um ambiente familiar com uma segunda esposa e vários filhos — um caos que a insensatez da bigamia de Elcana criou e que o mau temperamento de Penina piorou ainda mais —, Ana e Elcana se amavam profundamente.

Eles adoravam a Deus juntos e faziam isso com frequência. O versículo 3 diz: "Todos os anos esse homem subia de sua cidade a Siló para adorar e sacrificar ao Senhor dos Exércitos", mas isso não queria dizer que Ana e Elcana visitassem o tabernáculo *só* uma vez por ano. Exigia-se que todos os homens de Israel frequentassem três festas anuais (Deuteronômio 16:1-17), mas provavelmente, Elcana levava sua família com ele nessas viagens. Quem sabe eles também viajavam para Siló juntos em outras ocasiões. A viagem da casa da família, em Ramataim-Zofim, para Siló, percorria uma distância de cerca de quarenta quilômetros à beira do vale do rio Jordão. Poderia ser completada em dois dias ou menos. A adoração parecia ter sido um aspecto central da vida em comum do casal. Isso foi o que manteve forte o seu amor um pelo outro diante de tanta adversidade.

Ela também explica a segunda razão pela qual Ana era uma mãe tão influente. Havia um amor maior que a motivava com a mesma intensidade que o amor que ela tinha por Elcana.

O amor pelo céu

Ana, obviamente, tinha um amor a Deus profundo e permanente. Seu entusiasmo espiritual era visto no fervor da sua vida de oração. Ela era uma mulher devota, cujos afetos se baseavam nas coisas do céu, não nas da terra. Seu desejo de ter um filho não era um anseio de autossatisfação. Ela não estava pensando nela, nem em conseguir o que queria. Tratava-se de uma renúncia — dedicar-se àquela pequena vida para devolvê-la ao Senhor. Séculos antes, Raquel, a esposa de Jacó, orou: "Dê-me filhos ou morrerei!"

(Gênesis 30:1). A oração de Ana era mais modesta que essa. Ela não orou por "filhos", mas por um filho. Ela rogou a Deus por um filho que fosse apto para servir no tabernáculo. Se Deus lhe desse esse filho, ela o devolveria a Deus. Os gestos de Ana provaram que ela não queria um filho para o seu próprio prazer, mas porque queria dedicá-lo ao Senhor.

Então, naturalmente, foi ao Senhor que ela recorreu para defender sua causa. Penso que era importante que, apesar da agonia amarga que Ana sofria por causa da sua esterilidade, ela nunca se tornou queixosa ou resmungona. Não há sugestão de que ela tenha murmurado contra Deus ou perturbado seu marido por não ter filhos. Por que ela deveria se lamentar para Elcana? Os filhos são herança do Senhor (Salmos 127:3; Gênesis 33:5). Ana parece ter entendido isso, então levou o seu caso direto ao Senhor. Apesar da decepção e da dor no coração, ela permaneceu fiel a YHWH. Na verdade, a frustração mostra que Ana foi *levada* para mais e mais perto do Senhor, não *afastada*, e ela persistiu em oração.

Essa é uma bela característica, e essa era a virtude exclusiva de Ana: a fé firme e constante. O texto de 1Samuel 1:12 fala de sua oração como contínua: "Ela *continuava* a orar diante do Senhor" (destaque nosso). Ana permaneceu diante de Deus, mesmo com o coração partido, derramando lágrimas em oração. Por isso, suas provações tiveram o benefício de fazer dela uma mulher de oração. Ela verdadeiramente exemplificou o que significa "orar sem cessar" (1Tessalonicenses 5:17; Lucas 18:1-8).

O valor da oração persistente e apaixonada é uma das lições principais da vida de Ana. Observe como se descreve o fervor de sua oração em 1Samuel 1:10-11:

> "E, com a alma amargurada, chorou muito e orou ao Senhor. *E fez um voto*, dizendo: 'Ó Senhor dos Exércitos, se tu deres atenção à humilhação de tua serva, te lembrares de mim e não te esqueceres de tua serva, mas lhe deres um filho, então eu o dedicarei ao Senhor por todos os dias de sua vida, e o seu cabelo e a sua barba nunca serão cortados.'" (destaque nosso)

Havia duas partes no voto de Ana. Uma era a promessa de dedicar o filho ao Senhor. Os acontecimentos que se seguiram indicaram que, por esse compromisso, ela pretendia dedicá-lo ao serviço de tempo integral no tabernáculo. A última parte da promessa de Ana envolvia um voto de nunca cortar seu cabelo. Essa era uma das três condições do voto antigo do nazireado (Números 6:1-9). Embora não esteja claro se a promessa de Ana também envolvia as outras condições desse voto, se fosse o caso, se exigiria que o seu filho se abstivesse de vinho (ou qualquer produto feito de uva) e não entrasse em contato com nada que lhe pudesse trazer impureza cerimonial. Essas restrições eram sinais da consagração a Deus.

As duas partes do voto de Ana consagraram seu filho pela vida toda a deveres que normalmente teriam sido somente temporários. Os levitas, como vimos, faziam turnos no serviço do tabernáculo. Ninguém tinha uma responsabilidade vitalícia. Os votos do nazireado também eram, geralmente, temporários. Com certeza, Deus tinha ordenado expressamente à mãe de Sansão para fazer dele um nazireu por toda a sua vida (Juízes 13:2-7). Já que a mãe de Sansão tinha sido estéril antes de Sansão ser concebido, o conhecimento dessa história por parte de Ana parece ter sido o que a levou a fazer esse voto. João Batista acredita-se ter estado sob um voto como esse por toda a vida (Lucas 7:33), mas normalmente esses votos duravam algumas semanas ou no máximo alguns anos.

Ana, obviamente, queria que o seu filho fosse um homem de Deus, servindo e glorificando ao Senhor por toda sua vida. Essas não foram promessas que ela fez levianamente, e quando Deus finalmente atendeu à sua oração, ela não se esquivou do dever difícil que o seu voto lhe tinha dado como mãe de Samuel.

A intensidade da oração de Ana a destacou em meio ao tabernáculo, especialmente naquela época desobediente. Ela estava tão envolvida no fervor de sua oração e tão desolada com seu choro (1Samuel 1:10) que chamou a atenção do velho sacerdote Eli. Possivelmente, ele não tenha visto uma oração tão apaixonada e sincera, mesmo sem saber que se tratava disso:

> Enquanto ela continuava a orar diante do Senhor, Eli observava sua boca. Como Ana orava silenciosamente, seus lábios se mexiam mas não se ouvia sua voz. Então Eli pensou que ela estivesse embriagada e lhe disse: "Até quando você continuará embriagada? Abandone o vinho!"

> Ana respondeu: "Não se trata disso, meu senhor. Sou uma mulher muito angustiada. Não bebi vinho nem bebida fermentada; eu estava derramando minha alma diante do Senhor. Não julgues tua serva uma mulher vadia; estou orando aqui até agora por causa de minha grande angústia e tristeza".
>
> Eli respondeu: "Vá em paz, e que o Deus de Israel lhe conceda o que você pediu."

Eli costumava ter essa reação insensível. Sua atitude mostrava como ele não tinha nenhum discernimento, nem mesmo a mínima educação. Isso explica, em grande parte, a razão pela qual ele era tão incompetente em suas funções de sumo sacerdote da nação e de pai para seus filhos. Sua acusação contra Ana era a mesma acusação que a multidão incrédula fez contra os discípulos no dia de Pentecostes (Atos 2:13). Eli, evidentemente, não reconheceu que ela estava orando.

Dois fatores devem ter contribuído para essa confusão. Em primeiro lugar, o costume em Israel era orar em voz alta, não em silêncio. Ana parece ter entendido que Deus consegue enxergar o coração humano. Ele conhece o nosso pensamento mesmo antes de se tornarem palavras; ele conhece nossas palavras antes de serem articuladas pelos nossos lábios (Salmos 139:1-4). Além disso, somos ensinados pelo Novo Testamento que o Espírito Santo intercede por nós com gemidos inexprimíveis (Romanos 8:26). Portanto, não havia necessidade que Ana orasse em voz alta. Pelo contrário, a oração particular parecia ser tão estranha para Eli, que ele não conseguia nem reconhecer uma oração quando a via, exceto quando seguia os costumes cerimoniais.

O segundo fator que pode ter atrapalhado o discernimento de Eli foi o fato de que seus próprios filhos tinham a fama de ter relacionamentos com mulheres imorais ali mesmo no tabernáculo (1Samuel 2:22). Com certeza, ele não aprovava o comportamento dos filhos, mas se omitiu em tomar atitudes inflexíveis o suficiente para evitar que isso acontecesse. Aparentemente, ele estava mais acostumado a ver mulheres imorais no tabernáculo que mulheres de Deus, então deve ter pensado que Ana era uma dessas mulheres.

Mesmo assim, sua repreensão foi insensata e desnecessária. A embriaguez, geralmente, torna as pessoas barulhentas e truculentas. Ana estava em silêncio e completamente afastada dos outros. Não havia nenhuma razão para que Eli a repreendesse dessa maneira.

Ana respondeu com sua graça e humildade características da sua pessoa. Com certeza, ela estava horrorizada com a acusação dele e a negou com um tom claro de decepção. Ela explicou que estava simplesmente derramando seu coração em tristeza, mas não contou a ele a razão de sua tristeza. Não havia necessidade disso. Ela entendia que só Deus poderia responder sua oração; foi essa a razão que, a princípio, a fez orar em silêncio.

Da sua parte, Eli rapidamente mudou o tom. Ele deve ter ficado um tanto envergonhado e abalado em perceber como ele tinha julgado tão mal aquela pobre mulher. Por causa disso, ele a abençoou e pediu a Deus que concedesse seu pedido.

A reação final de Ana diante de Eli revelou outra qualidade espiritual dela: "Ela disse: 'Espero que sejas benevolente para com tua serva!' Então, seguiu seu caminho, comeu, e seu rosto já não estava mais abatido" (1:18). Ana lançou todo seu peso sobre o Senhor e deixou seu senso de frustração sobre o altar. Ela fez o que pretendia fazer no tabernáculo. Tinha trazido sua causa diante do Senhor. Agora estava contente em deixar a questão nas mãos dele.

Isso demonstra o quanto a fé que ela tinha era de fato verdadeira e paciente. A Bíblia diz: "Entregue suas preocupações ao Senhor, e ele o susterá; jamais permitirá que o justo venha a cair" (Salmos 55:22). Algumas pessoas podem orar: "Ó Deus, aqui está o meu problema", e depois sair de sua presença em completa dúvida e frustração, ainda carregando o mesmo peso que originalmente tinham trazido diante do Senhor, sem realmente ter confiança que Deus pode sustentá-las. Ana deixou, de fato, os seus problemas aos pés do Senhor, com toda a confiança de que ele podia atendê-la da melhor maneira para ela. Existe uma humildade verdadeira nesse tipo de fé, como o apóstolo Pedro observou: "Portanto, humilhem-se debaixo da poderosa mão de Deus, para que ele os exalte no tempo devido. Lancem sobre ele toda a sua ansiedade, porque ele tem cuidado de vocês" (1Pedro 5:6-7).

Quando Deus, finalmente, atendeu à oração de Ana, concedendo-lhe o filho que ela tinha pedido, sua alma agradecida reagiu com um fluir contínuo de louvor. Suas palavras registradas em 1Samuel 2:1-10 são uma obra-

-prima. No capítulo seguinte, analisaremos o *Magnificat* de Maria, que se baseia muito nessa passagem, tanto no estilo quanto no conteúdo.

Então Ana orou assim:

> "Meu coração exulta no Senhor;
> No Senhor minha força é exaltada.
> Minha boca se exalta sobre os meus inimigos,
> pois me alegro em tua libertação.
>
> "Não há ninguém santo como o Senhor;
> não há outro além de ti;
> não há rocha alguma como o nosso Deus.
> "Não falem tão orgulhosamente,
> nem saia de suas bocas tal arrogância,
> pois o Senhor é Deus sábio;
> é ele quem julga os atos dos homens.
>
> "O arco dos fortes é quebrado,
> mas os fracos são revestidos de força.
> Os que tinham muito, agora trabalham por comida,
> mas os que estavam famintos, agora não passam fome.
> A que era estéril deu à luz sete filhos,
> mas a que tinha muitos filhos ficou sem vigor.
>
> "O Senhor mata e preserva a vida;
> ele faz descer à sepultura e dela resgata.
> O Senhor é quem dá pobreza e riqueza;
> ele humilha e exalta.
> Levanta do pó o necessitado
> e, do monte de cinzas ergue o pobre;
> ele os faz sentarem-se com príncipes
> e lhes dá lugar de honra.
>
> "Pois os alicerces da terra são do Senhor;
> sobre eles estabeleceu o mundo.

Ele guardará os pés dos seus santos,
mas os ímpios serão silenciados nas trevas,

"Pois não é pela força que o homem prevalece.
Aqueles que se opõem ao Senhor serão despedaçados.
Ele trovejará do céu contra eles;
o Senhor julgará até os confins da terra.

"Ele dará poder a seu rei
e exaltará a força do seu ungido."

Temos um conteúdo suficientemente sólido nesse hino de ação de graças para preencher muitas páginas de análise. Se ele me fosse dado como texto para pregar, sem dúvida teria de fazer uma sequência com várias pregações só para revelar completamente sua importância profética e doutrinária. Obviamente, não temos espaço suficiente para esse tipo de estudo abrangente do hino de louvor de Ana, mas até o resumo mais breve revela como Ana tinha intimidade com as coisas profundas de Deus.

Ela reconheceu, por exemplo, a santidade, a bondade, a soberania, o poder e a sabedoria de Deus. Ela o adorou como Salvador, como Criador e como juiz soberano. Ela reconheceu a queda e a depravação da natureza humana, bem como a insensatez da incredulidade e da rebelião. Em resumo, suas poucas estrofes eram uma obra-prima do entendimento teológico.

No entanto, isso não se tratava simplesmente de teologia acadêmica. Ana falava sobre Deus com base no seu conhecimento íntimo sobre ele. Suas palavras de louvor eram cheias de amor e admiração. Esse amor por Deus, e um amor por todas as coisas celestiais, era um dos segredos da influência duradoura de Ana como mãe.

O amor pelo lar

Uma terceira característica importante de Ana era sua dedicação ao seu lar e à sua família. Temos prova disso desde o início, através do seu amor por Elcana e da correspondência desse amor da parte dele. Vemos isso na maneira como ela se colocou acima da contenda e da briga fútil que Penina tentou semear de propósito dentro de sua própria casa com a única intenção de lhe provocar. Observamos novamente isso, o desejo intenso de Ana de ser mãe. Vemos isso melhor no compromisso que tinha com o filho durante a infância dele.

Quando Ana e Elcana voltaram para casa depois do encontro dela com Eli no tabernáculo, a Bíblia diz: "Elcana teve relações com sua mulher Ana, e o Senhor se lembrou dela. Assim Ana engravidou e, no devido tempo, deu à luz um filho" (1:19-20). Ela o chamou de Samuel, mas não se tem tanta certeza do significado desse nome. Alguns comentaristas sugerem que poderia significar "nome de Deus", e outros dizem "ouvido por Deus". Em hebraico, o nome é bem parecido com Ismael, que significa "Deus ouvirá". Qualquer que seja o significado real do nome, a essência do que significava para Ana é clara. Samuel era uma resposta viva de oração e uma recordação de que Deus tinha ouvido o que ela pediu, concedendo o desejo de seu coração.

Ana se dedicou somente ao cuidado de Samuel nos primeiros anos que se seguiram. Quando chegou a ocasião de fazer a primeira viagem a Siló, depois do nascimento do bebê, ela planejou ficar em casa com Samuel até que ele fosse desmamado. Ela disse: "Depois que o menino for desmamado, eu o levarei e o apresentarei ao Senhor, e ele morará ali para sempre" (v. 22).

Ana sabia que seu tempo com Samuel seria curto. As mães naquela cultura amamentavam seus filhos por cerca de três anos. Ela cuidaria dele durante seus primeiros anos, enquanto aprendesse a andar e falar. No entanto, logo que ele foi desmamado, ela estava decidida a pagar seu voto.

Nesse meio tempo, ela seria um apoio em sua vida. Seria um verdadeiro modelo de mãe presente em casa. Nenhuma mãe foi tão dedicada à casa e ao filho. Ela tinha um trabalho importante a fazer — amamentá-lo, cuidar dele e ajudá-lo a aprender os princípios básicos da vida e da sabedoria. Ana lhe deu as primeiras aulas sobre YHWH. Ela fez com que sua casa fosse um ambiente onde ele pudesse aprender e crescer com segurança, e ela cuidadosamente direcionou o rumo de seu aprendizado e ajudou a dar forma aos seus interesses.

Ana parecia entender o quanto esses anos iniciais são vitais, o momento em que se forma noventa por cento da personalidade. "Instrua a criança segundo os objetivos que você tem para ela, e mesmo com o passar dos anos não se desviará deles" (Provérbios 22:6). Ela preparou Samuel nesses anos de formação para toda uma vida de serviço a Deus — o chamado sublime para o qual ela o tinha consagrado antes mesmo de nascer. A história nos diz que ela realizou muito bem sua tarefa. Samuel, obviamente uma criança prodígio, cresceu em sabedoria e entendimento. Esses anos iniciais deram um rumo para sua vida do qual ele nunca se desviou. A única mancha no seu registro veio em sua velhice, quando ele promoveu seus filhos a juízes, e eles perverteram a justiça (1Samuel 8:1-3), mas esse fracasso de Samuel como pai foi um aspecto de sua vida que, obviamente, foi mais devido à influência de Eli, o sacerdote velho, do que ao exemplo de Ana.

A dedicação de Ana à sua casa e à maternidade era exemplar em tudo. Sua devoção ao seu filho nesses anos iniciais faz da sua disposição final de entregar Samuel a uma vida de serviço no tabernáculo algo mais extraordinário ainda. Deve ter sido muito doloroso para ela deixá-lo partir com tão pouca idade. Na verdade, o tabernáculo passou a ser sua escola fundamental, e Eli foi seu tutor, mas parece que a influência de Ana sobre Samuel continuou sendo uma força orientadora bem maior que o fraco exemplo espiritual de Eli.

Sem dúvida, Ana se aproximou de Samuel ao máximo que o acordo permitia. Ela e Elcana, naturalmente, teriam aumentado suas visitas a Siló por causa do amor intenso que ela tinha por Samuel. Parece seguro deduzir que eles, provavelmente, aumentavam a duração das visitas também. A Bíblia diz: "Todos os anos sua mãe fazia uma pequena túnica e a levava para ele, quando subia a Siló com o marido para oferecer o sacrifício anual" (1Samuel 2:19). Repetimos que "anual" não significa "só uma vez por ano". Isso se refere à regularidade e fidelidade de suas visitas. Assim, Ana continuava a exercer uma influência materna forte sobre Samuel por todos os seus anos de formação.

A Bíblia diz que Deus abençoou Ana com mais cinco filhos — três filhos e duas filhas (v. 21). O seu lar e sua vida familiar se tornaram ricos e completos. Ela foi abençoada por Deus em receber a permissão de alcançar todas as ambições que tinha almejado realizar. Seu amor pelo céu, pelo marido e pelo lar ainda são as prioridades verdadeiras para toda esposa e mulher de Deus. Sua vida extraordinária se destaca como um exemplo maravilhoso para as mulheres de hoje que querem que seu lar seja um lugar onde Deus é honrado, mesmo em meio a uma cultura obscura e pecaminosa. Ana nos mostrou o que o Senhor pode fazer por meio de uma mulher dedicada a ele de forma total e irrestrita. Que a tribo dela venha a crescer!

6
Maria
Bendita entre as mulheres

De todas as mulheres extraordinárias nas Escrituras, uma se destaca dentre todas as outras como a mais abençoada, a mais bem-aventurada e a mais admirada universalmente. De fato, nenhuma mulher é tão marcante quanto Maria. Ela foi escolhida soberanamente por Deus — dentre todas as mulheres que nasceram — para ser o instrumento único pelo qual ele, finalmente, traria o Messias ao mundo.

A própria Maria testemunhou que todas as gerações a considerariam profundamente abençoada por Deus (Lucas 1:48). Isso não foi porque ela acreditava ser algum tipo de santa sobre-humana, mas sim porque ela recebeu graça e privilégio extraordinários.

Apesar de reconhecer que Maria era a mulher mais extraordinária de todas, é adequado acrescentar um recado breve de cautela contra a tendência comum de exaltá-la demais. Ela era, afinal de contas, mulher — não era semideusa nem uma criatura com traços de divindade que, de algum modo, transcende ao resto da espécie. A lição de sua "bem-aventurança", com certeza, não é que devamos pensar sobre ela como alguém a quem podemos recorrer para receber alguma bênção. Ela nunca é retratada nas Escrituras como uma fonte ou uma distribuidora da graça, mas sim como receptora da bênção de Deus. *O Filho dela*, não a própria Maria, é a fonte da graça

(Salmos 72:17). *Ele* é a Semente de Abraão esperada por muito tempo, de quem fala a promessa da aliança: "e, por meio dela, todos povos da terra serão abençoados" (Gênesis 22:18).

Várias tradições religiosas extrabíblicas e muitas mentes supersticiosas têm beatificado Maria além do que é aceitável, fazendo dela um objeto de veneração religiosa, atribuindo a ela vários títulos e atributos que só pertencem a Deus. Uma longa tradição de pessoas zelosas demais, por toda a história, equivocadamente, elevaram-na a um estado semelhante ao de Deus. Infelizmente, até na nossa época, é Maria, e não Cristo, o foco principal da adoração e do afeto religioso de milhões de pessoas. Eles pensam nela como mais acessível e compassiva do que Cristo. Eles a reverenciam como a Madonna perfeita, supostamente intocada pelo pecado original, uma virgem perpétua, e até corredentora com o próprio Cristo. O dogma católico ensina que ela foi levada corporalmente para o céu, onde foi coroada "Rainha do Céu". Sua função nos dias de hoje, de acordo com a lenda católica, é mediadora e intercessória. Por isso, em vez de dirigirem suas orações somente a Deus, as multidões as dirigem a ela, como se Maria fosse onipresente e onisciente.

Na verdade, muitas pessoas imaginam, supersticiosamente, que Maria se revela regularmente em várias aparições em um local ou outro, e alguns até afirmam que ela traz profecias ao mundo por esse meio. Essa ingenuidade extrema sobre as aparições de Maria, às vezes, chega a proporções quase cômicas. Em novembro de 2004, um sanduíche de queijo grelhado estragado foi vendido por 28 mil dólares em um leilão no eBay porque supostamente tinha uma imagem de Maria estampada em suas marcas torradas. Alguns meses depois, milhares de fiéis em Chicago construíram um santuário improvisado para Maria em meio a uma passagem subterrânea porque alguém alegou ter visto uma imagem dela nas manchas de sal na parede de concreto de um pilar.

Ninguém menos que o papa João Paulo II declarou sua devoção total a Maria. Ele dedicou todo o seu pontificado a ela e tinha um M de Maria bordado em todas suas vestimentas papais. Ele rezava para ela, atribuiu a ela a sua vida, e até deixou os cuidados da Igreja Católica Romana para ela em seu testamento. Roma tem cultivado, de longa data, o culto da devoção mariana, e a superstição sobre Maria é, atualmente, mais popular do que nunca. Fazem-se tantas homenagens a Maria nas igrejas católicas ao redor do mundo que a centralidade e a supremacia de Cristo geralmente passam a ser totalmente ofuscada pela adoração da sua mãe.

Toda essa veneração de Maria não tem nenhuma autorização bíblica. Na verdade, ela é completamente contrária ao que as Escrituras ensinam de forma clara (Apocalipse 19:10), mas a tendência de fazer de Maria um objeto de adoração não é nada recente. Mesmo durante o ministério terreno de Jesus, por exemplo, havia aqueles que davam um destaque indevido a Maria por causa do seu papel como mãe de Jesus. Certa vez, diz as Escrituras, uma mulher na multidão levantou a voz e disse a Jesus: "Quando Jesus dizia estas coisas, uma mulher da multidão exclamou: "Feliz é a mulher que te deu à luz e te amamentou".

A resposta dele foi uma repreensão: "Antes, felizes são aqueles que ouvem a palavra de Deus e lhe obedecem" (Lucas 11:27-28).

A própria Maria era uma pessoa humilde, que mantinha consistente um comportamento pouco chamativo nos relatos da vida de Jesus nos evangelhos. A Bíblia, expressamente, desmascara algumas das principais lendas a seu respeito. A ideia de que ela permaneceu virgem perpetuamente, por exemplo, é impossível de harmonizar com o fato de que Jesus tinha meios-irmãos, que são identificados nas Escrituras como filhos de José e Maria: "Não é este o filho do carpinteiro? O nome de sua mãe não é Maria, e não são seus irmãos Tiago, José, Simão e Judas?" (Mateus 13:55). Além disso, Mateus 1:25 diz que José se absteve de ter relações sexuais com Maria somente "enquanto ela não deu à luz um filho". Sob qualquer leitura natural do sentido claro das Escrituras, é impossível apoiar a ideia da virgindade perpétua de Maria.

A imaculada conceição de Maria e sua suposta condição sem pecado carecem igualmente de toda e qualquer base bíblica. A primeira estrofe do *Magnificat* fala de Deus como o "Salvador" dela, dando, desse modo, um testemunho implícito vindo dos próprios lábios de Maria de que ela precisava de redenção. Nesse contexto bíblico, isso só poderia referir-se à salvação do pecado. Na verdade, Maria estava confessando sua própria pecaminosidade.

De fato, longe de retratar Maria com um halo e um olhar angelical no rosto, as Escrituras a revelam como uma moça comum, de meios comuns, de uma cidade de camponeses de uma região pobre de Israel, prometida a um noivo da classe trabalhadora que ganhava a vida como carpinteiro. Se você tivesse conhecido Maria antes de seu filho primogênito ter sido concebido de um modo milagroso, você poderia nem notar sua presença. Ela era a pessoa mais simples e despretensiosa possível. A partir de tudo o que sabemos sobre a sua formação e posição social, não havia praticamente nada sobre sua vida e sua experiência até aquele momento que se considerasse muito extraordinário.

A herança de Maria

No entanto, Maria tinha alguns antepassados ilustres. Lucas nos passa a sua genealogia detalhadamente (Lucas 3:23-38). Mateus, de modo semelhante, relata a de José (Mateus 1:1-16). Tanto José quanto Maria eram descendentes de Davi. Portanto, nas gerações anteriores a Davi, possuíam a mesma genealogia. O ramo da árvore genealógica de Maria vem do filho de Davi chamado Natã, enquanto o ramo de José vem da linhagem real por meio de Salomão. À luz disso, Cristo herdou o trono de Davi através do seu padrasto. Era seu direito de nascimento como filho primogênito. No entanto, o parentesco de Jesus com Davi veio por meio de Maria, que era descendente de um ramo da família de Davi que, de outro modo, seria inexpressivo.

Lembre-se de que Mateus incluiu várias mulheres na genealogia de Cristo. Já que todas as mulheres vieram entre Abraão e Davi, todas eram antepassadas tanto de José quanto de Maria — inclusive Raabe e Rute. Obviamente, Sara, apesar de não ser mencionada nas genealogias do Novo Testamento, era a esposa de Abraão e a mãe de Isaque, e Eva era a mãe de toda a humanidade. Portanto, com a única exceção de Ana, todas as mulheres que temos analisado até agora eram antepassadas de Maria. Ela parece ter herdado as melhores características de todas elas. Como veremos, ela também espelhou os melhores aspectos do caráter de Ana. Acima de tudo, sua fé foi um exemplo extraordinário do tipo de fé que Jesus abençoou. Ela era sincera, uma adoradora honesta, confiante no Senhor como uma criança e totalmente dependente dele.

Foi assim que ela se achou envolvida, de forma inesperada, no papel em que cada uma de suas antepassadas ilustres ansiava desempenhar. Ela seria a mãe do Redentor prometido.

O ANÚNCIO QUE MUDOU SUA VIDA

Quando encontramos Maria pela primeira vez no evangelho de Lucas, é por ocasião da aparição repentina e sem alarde de um arcanjo para revelá-la o plano maravilhoso de Deus. A Bíblia diz, simplesmente: "No sexto mês Deus enviou o anjo Gabriel a Nazaré, cidade da Galileia, a uma virgem prometida em casamento a certo homem chamado José, descendente de Davi. O nome da virgem era Maria" (Lucas 1:26-27).

Maria é o nome equivalente ao hebraico "Miriã". O nome pode ter derivado da palavra hebraica para "amarga". Como vimos na história de Rute, a sogra Noemi referiu a si mesma como "Mara", uma referência à amargura de suas provações. Os primeiros anos de Maria também podem ter sido repletos de dificuldades amargas. Sua cidade natal, Nazaré, como você pode recordar, sofreu famosamente o desprezo, pelo menos de um dos futuros discípulos. Quando Filipe disse a Natanael que ele tinha encontrado o Messias e que o Ungido era um galileu de Nazaré, Natanael zombou: "Nazaré? Pode vir alguma coisa boa de lá?" (João 1:45-46). Maria tinha morado lá por toda a vida, em uma comunidade onde, francamente, as boas notícias, provavelmente, eram bem raras.

Podemos reunir outros detalhes sobre o histórico de Maria em uma passagem ou outra das Escrituras. De acordo com João 19:25, ela tinha uma irmã. Não há dados suficientes no texto para identificar precisamente quem seria ela, mas a própria irmã de Maria, obviamente, era uma discípula próxima de Jesus para estar presente com as outras mulheres fiéis aos pés da cruz. Maria também era parente próxima de Isabel, a mãe de João Batista (Lucas 1:36). O grau desse parentesco não é apresentado de forma específica. Elas devem ter sido primas, ou Isabel pode ter sido tia de Maria. O relato de Lucas descreve Isabel como já estando em sua velhice. Maria, por outro lado, parece ser bem jovem.

Na verdade, na época da Anunciação, Maria, provavelmente, ainda era adolescente. Era costume das moças, naquela cultura, ser desposada já aos treze anos. O casamento, geralmente, era combinado pelo noivo ou pelos pais, por meio do pai da moça. Maria estava desposada por José, sobre o qual não temos quase nenhuma informação antes disso — exceto a de que ele era carpinteiro (Marcos 6:3) e um homem justo (Mateus 1:19).

A Bíblia é bem clara ao ensinar que Maria ainda era virgem quando Jesus foi concebido milagrosamente em seu ventre. Ela é chamada de virgem duas vezes em Lucas 1:27, usando um termo grego que não permite nenhuma mudança sutil de significado. A afirmativa clara das Escrituras e o testemunho da própria Maria revelam que ela nunca tinha tido intimidade física com nenhum homem. Seu noivado com José era conhecido como *kiddushin*, o qual, naquela cultura, tipicamente, tinha a duração de 1 ano. O *kiddushin* tinha a mesma validade legal do casamento. O casal era considerado marido e mulher, e somente um divórcio formal poderia rescindir o contrato do casamento (Mateus 1:19), mas durante esse período, o casal morava separado um do outro e não tinha nenhuma relação física. Um dos principais propósitos do *kiddushin* era demonstrar a fidelidade dos noivos.

Quando o anjo apareceu a Maria, ela já tinha um compromisso formal com José pelo *kiddushin*. A descrição do encontro com o anjo está em Lucas 1:28-35:

> O anjo, aproximando-se dela, disse: "Alegre-se, agraciada! O Senhor está com você!". Maria ficou perturbada com essas palavras, pensando no que poderia significar esta saudação. Mas o anjo lhe disse: "Não tenha medo, Maria; você foi agraciada por Deus! Você ficará grávida e dará à luz um filho, e lhe porá o nome de Jesus. Ele será grande e será chamado Filho do Altíssimo. O Senhor Deus lhe dará o trono de seu pai Davi, e ele reinará para sempre sobre o povo de Jacó; seu Reino jamais terá fim".

> Perguntou Maria ao anjo: "Como acontecerá isso, se sou virgem?" O anjo respondeu: "O Espírito Santo virá sobre você, e o poder do Altíssimo a cobrirá com a sua sombra. Assim, aquele que há de nascer será chamado santo, Filho de Deus".

Temos visto por todo este livro como as várias mulheres da genealogia de Maria, por toda a ancestralidade até Eva, cultivaram a esperança de ser a mulher pela qual o Redentor viria. No entanto, o privilégio veio com um preço pessoal muito alto para Maria, porque ela carregava o estigma de uma gravidez fora do casamento. Apesar de ter se mantido total e completamente pura, o mundo estava fadado a pensar de outra maneira. Até mesmo José pensou no pior. Dá para imaginar a decepção do seu coração quando ele soube que Maria estava grávida, sabendo que não era o pai da criança? Sua tendência era divorciar-se dela sem alarde. Ele era um homem justo e a amava, então, a Bíblia diz que José não estava disposto a fazer dela um mau exemplo público, mas estava tão abalado com a notícia que, a princípio, não via outra alternativa senão o divórcio. Foi nesse momento que o anjo apareceu a ele em um sonho e o consolou: "José, filho de Davi, não tema receber Maria como sua esposa, pois o que nela foi gerado procede do Espírito Santo. Ela dará à luz um filho, e você deverá dar-lhe o nome de Jesus, porque ele salvará o seu povo dos seus pecados" (Mateus 1:20-21).

O bom-senso sugere que Maria deve ter imaginado as consequências no exato momento em que o anjo lhe contou que ela daria à luz um filho. Portanto, sua alegria e surpresa em saber que ela seria a mãe do Redentor foi comedida de um modo bem marcante diante do horror do escândalo que a aguardava. Mesmo assim, sabendo do preço e avaliando-o com relação ao privilégio imenso de ser a mãe de Cristo, Maria se submeteu de forma incondicional, dizendo simplesmente: "Sou serva do Senhor; que aconteça comigo conforme a tua palavra" (Lucas 1:38).

Não há provas de que Maria ficasse remoendo constantemente sobre os efeitos que sua gravidez teria sobre a sua reputação. Ela se submeteu de forma instantânea, humilde e alegre à vontade de Deus, sem duvidar nem questionar. Ela teve a reação mais piedosa possível diante da anunciação do nascimento de Jesus, o que demonstrou que ela era uma jovem de fé madura, que adorava o Deus verdadeiro. Sua grande alegria, com referência ao plano de Deus para sua vida, logo ficaria bem clara.

A reação adoradora de Maria

Maria, cheia de alegria e transbordando de louvor, correu para a região montanhosa para visitar sua parente amada, Isabel. Não há sugestão de que Maria estivesse fugindo da vergonha de sua gravidez prematura. Parece que ela simplesmente queria encontrar alguém íntimo para abrir o coração. Portanto, era natural que ela procurasse uma parente próxima, que tinha uma fé robusta e estava esperando seu primeiro filho por um nascimento milagroso anunciado por um anjo (Lucas 1:13-19). Embora Isabel tivesse uma idade mais avançada, quem sabe lá pelos seus oitenta anos, e tivesse sido completamente estéril por toda a vida, e Maria fosse ainda muito jovem, no início da vida, as duas tinham sido abençoadas por Deus de um modo sobrenatural para dar à luz. Era uma situação perfeita para que as duas mulheres passassem o tempo se alegrando juntas por causa da bondade do Senhor para com elas.

A reação imediata de Isabel ao som da voz de Maria deu a esta uma confirmação independente de tudo que o anjo lhe tinha dito. A Bíblia diz:

> Quando Isabel ouviu a saudação de Maria, o bebê agitou-se em seu ventre, e Isabel ficou cheia do Espírito Santo. Em alta voz exclamou: "Bendita é você entre as mulheres, e bendito é o filho que você dará à luz! Mas por que sou tão agraciada, a ponto de me visitar a mãe do meu Senhor? Logo que a sua saudação chegou aos meus ouvidos, o bebê que está em meu ventre agitou-se de alegria. Feliz é aquela que creu que se cumprirá aquilo que o Senhor lhe disse!" (Lucas 1:41-45)

Obviamente, a mensagem de Isabel foi profética, e Maria entendeu isso instantaneamente. Maria tinha descoberto, por causa do anjo, sobre a gravidez de Isabel. Nada indica que Maria tivesse mandado, de antemão, alguma mensagem sobre suas circunstâncias à Isabel. De fato, a chegada repentina de Maria tinha todas as características de surpresa para sua parente.

Portanto, o conhecimento que Isabel tinha da gravidez de Maria parece ter chegado a ela por meio de revelação, na profecia que ela pronunciou quando o Espírito Santo a encheu de repente.

Maria respondeu com suas próprias palavras proféticas. O que ela disse é conhecido como *Magnificat* (a primeira palavra no latim da expressão do louvor de Maria). Na verdade, é um hino sobre a encarnação. Sem dúvida, é uma canção de alegria indescritível e o salmo de adoração mais magnífico do Novo Testamento. Está em pé de igualdade com qualquer salmo do Antigo Testamento, e, como observamos antes, possui uma grande semelhança com o hino famoso de Ana pelo nascimento de Samuel. É cheio de esperança messiânica, de linguagem bíblica e de referências à aliança abraâmica:

> Minha alma engrandece ao Senhor,
> e o meu espírito se alegra em Deus, meu Salvador,
> pois atentou para a humildade da sua serva.
> De agora em diante, todas as gerações me chamarão bem-aventurada,
> pois o Poderoso fez grandes coisas em meu favor;
> santo é o seu nome.
> A sua misericórdia estende-se aos que o temem,
> de geração em geração.
> Ele realizou poderosos feitos com seu braço;
> dispersou os que são soberbos no mais íntimo do coração.
> Derrubou governantes dos seus tronos,
> mas exaltou os humildes.
> Encheu de coisas boas os famintos,
> mas despediu de mãos vazias os ricos.
> Ajudou a seu servo Israel,
> lembrando-se da sua misericórdia
> para com Abraão e seus descendentes para sempre,
> como dissera aos nossos antepassados. (Lucas 1:46-55)

É claro que o coração e a mente jovens de Maria já estavam completamente saturados com a Palavra de Deus. Ela não somente incluiu duas referências às orações de Ana (1Samuel 1:11; 2:1-10) como também fez várias outras alusões à lei, aos salmos e aos profetas:

Lucas 1	Antigo Testamento
• "Minha alma engrandece ao Senhor" (46)	• "Meu coração exulta no Senhor" (1Samuel 2:1) • "Minha alma se gloriará no Senhor; ouçam os oprimidos e se alegrem" (Salmos 34:2) • "Então a minha alma exultará no Senhor" (Salmos 35:9) • "É grande o meu prazer no Senhor! Regozija-se a minha alma em meu Deus!" (Isaías 61:10)
• "e o meu espírito se alegra em Deus, meu Salvador" (47)	• "Deus é a minha salvação" (Isaías 12:2) • "E não há outro Deus além de mim, um Deus justo e salvador" (Isaías 45:21)
• "pois atentou para a humildade da sua serva" (48)	• "se tu deres atenção à humilhação de tua serva, te lembrares de mim e não te esqueceres de tua serva" (1Samuel 1:11) • "Responderá à oração dos desamparados; as suas súplicas não desprezará" (Salmos 102:17) • "Àquele que se lembrou de nós quando fomos humilhados O seu amor dura para sempre!" (Salmos 136:23)
• "De agora em diante, todas as gerações me chamarão bem-aventurada" (48)	• "Então Lia exclamou: 'Como sou feliz! As mulheres dirão que sou feliz'" (Gênesis 30:13) • "Então todas as nações os chamarão felizes" (Malaquias 3:12)

• "pois o Poderoso fez grandes coisas em meu favor" (49)	• "Tua justiça chega até as alturas, ó Deus, tu, que tens feito coisas grandiosas" (Salmos 71:19) • "coisas grandiosas fez o Senhor por nós, por isso estamos alegres" (Salmos 126:3)
• "Santo é o seu nome" (49)	• "Não há ninguém santo como o Senhor" (1Samuel 2:2) • "Santo e temível é o seu nome!" (Salmos 111:9) • "Pois assim diz o Alto e Sublime, que vive para sempre, e cujo nome é santo" (Isaías 57:15)
• "A sua misericórdia estende-se aos que o temem, de geração em geração" (50)	• "assim é grande o seu amor para com os que o temem" (Salmos 103:11) • "Mas o amor leal do Senhor, o seu amor eterno está com os que o temem, e a sua justiça com os filhos dos seus filhos" (Salmos 103:17) • "Minha retidão durará para sempre, a minha salvação de geração a geração" (Isaías 51:8)
• "Ele realizou poderosos feitos com seu braço" (51)	• "O teu braço é poderoso; a tua mão é forte, exaltada é tua mão direita" (Salmos 89:13) • "Ele fez coisas maravilhosas; a sua mão direita e o seu braço santo lhe deram a vitória!" (Salmos 98:1) • "O Senhor desnudará seu santo braço à vista de todas as nações" (Isaías 52:10)
• "Dispersou os que são soberbos no mais íntimo do coração" (51)	• "com teu braço forte dispersaste os teus inimigos" (Salmos 89:10) • "o seu coração é inteiramente inclinado para o mal desde a infância" (Gênesis 8:21)

• "Derrubou governantes dos seus tronos, mas exaltou os humildes" (52)	• "O Senhor mata e preserva a vida; ele faz descer à sepultura e dela resgata. O Senhor é quem dá pobreza e riqueza; ele humilha e exalta. Levanta do pó o necessitado e, do monte de cinzas ergue o pobre; ele os faz sentarem-se com príncipes e lhes dá lugar de honra" (1Samuel 2:6-8) • "Ele destrói os poderosos e coloca outros em seu lugar" (Jó 34:24)
• "Encheu de coisas boas os famintos, mas despediu de mãos vazias os ricos" (53)	• "Ele sacia o sedento e satisfaz plenamente o faminto" (Salmos 107:9)
• "Ajudou a seu servo Israel, lembrando-se da sua misericórdia para com Abraão e seus descendentes para sempre, como dissera aos nossos antepassados" (54-55)	• "Ele se lembrou do seu amor leal e da sua fidelidade para com a casa de Israel" (Salmos 98:3) • "Ó Israel, eu não o esquecerei" (Isaías 44:21) • "Mostrarás fidelidade a Jacó, e bondade a Abraão, conforme prometeste sob juramento aos nossos antepassados" (Miqueias 7:20) • "Ó descendentes de Abraão... Ele se lembra para sempre da sua aliança, por mil gerações, da palavra que ordenou, da aliança que fez com Abraão" (Salmos 105:6-9)

Aqueles que canalizam suas energias religiosas para a veneração de Maria fariam bem aprendendo com o exemplo da própria Maria. Ela magnificou *unicamente* a Deus. Observe como ela louvou a glória e a majestade de Deus, ainda que, várias vezes, reconhecia sua própria submissão. Ela não atribui a si mesma o mérito por nada de bom, mas louvou a Deus por seus atributos, mencionando alguns dos principais, inclusive seu poder, sua misericórdia e sua santidade. Ela confessou livremente que Deus era aquele que tinha feito grandes coisas por ela, e não o contrário. O cântico fala somente da grandeza de *Deus*, da *sua* glória, da *sua* força do *seu* braço, e da *sua* fidelidade de geração em geração.

A adoração de Maria vinha claramente do coração. Ela estava simplesmente admirada pela maravilha de sua graça para com ela. Parecia impressionada com o fato de que um Deus absolutamente santo pudesse fazer coisas tão grandes por alguém como ela, que merecia tão pouco. Essa não era uma oração de alguém que afirmasse ter sido concebida de forma milagrosa, sem a corrupção do pecado original. Ela era, pelo contrário, a grande alegria de alguém que conhecia a Deus intimamente como seu *Salvador*. Ela podia celebrar o fato de que a misericórdia de Deus está sobre aqueles que o temem, porque ela mesma temia a Deus e tinha recebido a sua graça, e ela conhecia intimamente como Deus exalta os humildes e enche os famintos com boas coisas, porque ela mesma era uma pecadora humilde que tinha fome e sede de justiça, e ela foi satisfeita.

Nas orações judaicas, era costume recitar a fidelidade de Deus no passado para o seu povo (Êxodo 15; Juízes 5; Salmos 68, 78, 104, 105, 114, 135, 136 e 145, e Habacuque 3). Maria seguiu essa convenção nessa passagem de forma resumida. Ela recordou como Deus tinha ajudado a Israel, em cumprimento a todas as suas promessas. Naquele momento, seu filho seria o cumprimento vivo da promessa salvadora de Deus. Não é à toa que o coração de Maria transbordou com tanto louvor.

O RELACIONAMENTO COM O FILHO

Por todo o ministério terreno de Cristo, Maria apareceu somente em três cenas. Em duas dessas ocasiões, o próprio Jesus claramente repudiou a noção de que a autoridade terrena dela sobre ele, como mãe, dava-lhe o direito de gerenciar qualquer aspecto de sua obra salvadora. Ele fez isso sem o menor desrespeito, obviamente, mas, mesmo assim, ele, de forma clara e completa, negou a ideia de que Maria era de algum modo uma mediadora da sua graça.

A primeira dessas ocasiões foi durante o casamento em Caná, quando Jesus operou seu primeiro milagre. O apóstolo João relembrou o que aconteceu: "Tendo acabado o vinho, a mãe de Jesus lhe disse: 'Eles não têm mais vinho'" (João 2:3). O mestre de cerimônias era, sem dúvida, um amigo próximo da família, com o qual Maria se importava muito. Observe que no primeiro versículo diz que "a mãe de Jesus estava *ali*"; mas o versículo 2 diz: "Jesus e seus discípulos... haviam sido *convidados*". Maria estava claramente ajudando a coordenar a recepção para seu amigo. Então, ela foi uma das primeiras a perceber que o estoque de vinho não seria suficiente. Ela também sabia muito bem que Cristo tinha como resolver esse dilema social vergonhoso, e estava lhe pedindo sutilmente que fizesse algo para ajudar. Não está claro se Maria tinha ideia do tipo de milagre que ele acabou fazendo. Ela pode ter simplesmente pedido que ele desse um aviso adequado e ajudasse a encobrir a vergonha dos anfitriões, ou, como parece provável, que ele fizesse um milagre que supriria o que estava faltando. Seu pedido não foi escondido, mas o Filho sabia exatamente o que a mãe queria dizer.

Por sua vez, Jesus tinha toda a disposição de reabastecer de forma milagrosa o vinho, porque foi exatamente isso que ele fez. Ele nunca tinha a tendência de vacilar, hesitar ou mudar de ideia (Hebreus 13:8). O fato de que ele, finalmente, fez o milagre, é prova de que ele tinha *planejado* fazer isso.

Mas a Bíblia dá a entender que sua resposta a Maria foi um tanto breve. Ele contrastou com sua resposta direta a sutileza do pedido de Maria: "Respondeu Jesus: 'Que temos nós em comum, mulher? A minha hora ainda não chegou'" (João 2:4). Ele não estava sendo bruto, e nada sugere que Maria tenha ficado triste ou ofendida por sua resposta. "Mulher" é um pronome de tratamento comum nessa cultura. Repito que a resposta foi breve sem ser impertinente, mas não há como fugir do leve tom de repreensão nas suas palavras e no seu tom de voz. A pergunta "Que temos nós em comum?" é um desafio que se vê várias vezes nas Escrituras (Juízes 11:12; 2Samuel 16:10; Esdras 4:2-3; Mateus 8:29). Expressava um tom claro de desagrado e de advertência forte. Ainda assim, isso não leva a entender que Maria tomou essa resposta como uma afronta. O propósito dele não era o de ferir, mas de corrigir e instruir.

Maria deve ter se lembrado de um incidente ocorrido anos antes, quando Jesus era um menino que tinha acabado de entrar na adolescência e, em dado momento separou-se dos pais no templo. Depois de uma busca frenética, eles o acharam, e Maria o repreendeu levemente por lhes deixarem preocupados. Ele respondeu, com o que parece ter sido um espanto sincero: “Por que vocês estavam me procurando? Não sabiam que eu devia estar na casa de meu Pai?” (Lucas 2:49). Ele estava, na verdade, negando qualquer ideia de que os interesses paternais do seu pai terreno pudessem, em algum momento, se sobrepor à autoridade maior do seu Pai celestial.

Nessa passagem, nas bodas de Caná, ele passou a Maria uma mensagem parecida. Nas questões espirituais, o papel terreno de mãe que ela tinha não lhe dava nenhum direito de tentar gerenciar a missão dele no que diz respeito a cumprir a vontade do Pai, no cronograma do Pai. Como homem, ele era filho dela, mas como Deus, ele era seu Senhor. Não era da sua alçada dar ordens a ele nas questões espirituais. O modo pelo qual ele falou com ela simplesmente a recordou desse fato, sem lhe mostrar nenhum sinal de desrespeito. *Depois disso*, ele transformou a água em vinho.

Posteriormente, Maria sempre permaneceu nos bastidores. Nunca buscou ou aceitou o tipo de destaque que muitos parecem estar decididos a tentar dar a ela. Ela não mais tentou negociar com ele algum milagre, algum favor especial, ou outras bênçãos em favor dela ou de outra pessoa. Só a pura insensatez que faz tantas pessoas imaginarem que ela, atualmente, tenha usurpado esse papel por causa da sua posição no céu.

Maria apareceu novamente durante o ministério terreno de Jesus quando as multidões que clamavam por seus milagres tinham chegado ao máximo. Marcos registra que as exigências do ministério de Jesus eram tantas que ele nem tinha tempo para comer (Marcos 3:20). Os parentes mais próximos começaram a se preocupar com a sua segurança, chegando à conclusão — certamente equivocada — que ele estava fora de si (v. 21). A Bíblia diz que os parentes de Jesus foram a ele querendo tirá-lo fisicamente das multidões e das exigências pesadas que elas lhe estavam impondo.

Enquanto isso, alguns escribas vieram de Jerusalém e acusaram a Jesus de expulsar demônios com o poder de Belzebu (v. 22). Marcos pintou um retrato vivo de confusão, oposição e das grandes multidões de pessoas necessitadas pressionando a Jesus. Foi nesse contexto que seus familiares próximos vieram, buscando tirá-lo do meio da multidão para preservar sua saúde e segurança. O que aconteceu é descrito em Marcos 3:31-35:

> Então chegaram a mãe e os irmãos de Jesus. Ficando do lado de fora, mandaram alguém chamá-lo. Havia muita gente assentada ao seu redor; e lhe disseram: "Tua mãe e teus irmãos estão lá fora e te procuram".
>
> "Quem é minha mãe, e quem são meus irmãos?", perguntou ele. Então olhou para os que estavam assentados ao seu redor e disse: "Aqui estão minha mãe e meus irmãos! Quem faz a vontade de Deus, este é meu irmão, minha irmã e minha mãe".

Essa foi outra maneira de Jesus passar a mesma mensagem. No que se refere à sua obra espiritual, seus parentes terrenos não tinham uma importância maior que as outras pessoas. Com certeza, Jesus não colocou Maria em nenhum lugar exaltado sobre seus outros discípulos. Ele conhecia mais do que ela os limites da força humana. Não deixaria de fazer o que estava fazendo mesmo se ela pedisse. Não seria interrompido nem permitiria se afastar, nem mesmo por causa da sua preocupação sincera como mãe. Como sempre, ele precisa cuidar dos negócios do seu *Pai*, e ela não precisava ser consultada para isso.

Mais uma vez, no entanto, vemos Maria aprendendo a se submeter a ele como Senhor, em vez de tentar controlá-lo como mãe. Ela passou a ser uma de suas discípulas fiéis. Deve ter percebido que ele tinha uma obra a realizar, e que ela não podia dirigi-la. Acabou seguindo-o a cada passo até a cruz, e naquela tarde sombria quando ele morreu, estava de pé ao seu lado, junto com um grupo de mulheres, observando com tristeza e horror. A crucificação foi a terceira e última vez que Maria apareceu ao lado de Jesus durante os anos de seu ministério público.

A espada que atravessou sua alma

Maria sempre suspeitou que esse dia viria. Com certeza, ela tinha ouvido Jesus falar sobre sua própria morte, como ele certamente fazia. Na verdade, é possível que a nuvem dessa realidade inevitável tenha pairado sobre a mente de Maria desde que Jesus era bebê. Sem dúvida, isso foi uma das coisas que ela guardava e considerava em seu coração (Lucas 2:19,51). O evangelho de Lucas relata como Maria ficou sabendo pela primeira vez sobre a tragédia que viria.

Quando Jesus ainda era um bebê recém-nascido, seus pais terrenos o levaram ao templo para ser dedicado ao Senhor de acordo com as instruções de Êxodo 13:2,13: "Consagre a mim todos os primogênitos. O primeiro filho israelita me pertence... Resgate também todo primogênito entre os seus filhos". José e Maria vieram com um sacrifício de duas rolinhas (Lucas 2:24), que era o que a lei prescrevia para pessoas que eram pobres demais para comprar um cordeiro (Levítico 12:8). Naquele dia, a pequena família de Nazaré encontrou dois santos idosos, Simeão e Ana, de quem falaremos no próximo capítulo.

Simeão era um homem avançado em idade, que a Bíblia descreve como "justo e piedoso, e que esperava a consolação de Israel" (Lucas 2:25). O Espírito de Deus tinha revelado a Simeão que ele teria o privilégio de ver o Messias antes de morrer. No dia que José e Maria dedicaram a Jesus no templo, o Espírito Santo também o levou até lá (v. 27).

Logo que Simeão viu a Jesus, ele sabia que essa criança era o Ungido de Deus. A Bíblia diz que ele levantou o bebê Jesus com seus braços e disse uma profecia. Depois, devolvendo-o a Maria, disse a ela: "Este menino está destinado a causar a queda e o soerguimento de muitos em Israel, e a ser um sinal de contradição, de modo que o pensamento de muitos corações será revelado. Quanto a você, *uma espada atravessará a sua alma*" (vv. 34-35, destaque nosso).

É quase certo que, no processo de redação do seu evangelho, Lucas perguntou a Maria detalhes sobre o nascimento e a vida de Jesus. Como se indica em Lucas 1:1-4, ele tinha acesso aos relatos de muitas testemunhas. Já que ele incluía vários detalhes que só Maria poderia saber, podemos ter uma certeza razoável de que ela era uma das suas fontes primárias. A inclusão de vários fatos do início da vida de Jesus (2:19, 48, 51) dá a entender que esse era o caso. O próprio testemunho de Maria também pode ser a fonte do relato da profecia de Simeão, porque quem senão ela poderia saber ou se lembrar desse incidente? Aparentemente, a profecia do homem idoso nunca tinha deixado sua mente.

Anos depois, enquanto Maria observava um soldado perfurar o lado de Jesus com a espada, ela deve verdadeiramente ter sentido como se uma espada tivesse transpassado sua alma também. Naquele exato momento,

Maria deve ter se lembrado da profecia de Simeão e, de repente, o seu significado verdadeiro lhe ocorreu com toda a força.

Enquanto Maria observava silenciosamente seu filho morrer, outros gritavam xingamentos e insultos a ele. Seu senso da injustiça que foi feita a ele deve ter sido profundo. Afinal de contas, ninguém entendia a perfeição absoluta e sem pecado de Jesus melhor do que Maria. Ela tinha cuidado dele como bebê e o criou por toda a infância. Ela o amou mais do que todas as pessoas. Todos esses fatos simplesmente agravavam a angústia que qualquer mãe sentiria diante de uma cena horrível como aquela. A dor da angústia de Maria é quase inimaginável, mas, mesmo assim, ela estava lá, firme, estoicamente, silenciosamente, enquanto mulheres mais fracas teriam fugido de pânico, ou simplesmente desmaiado diante do sofrimento insuportável. Maria era, claramente, uma mulher de graça e coragem dignas.

Ela parecia entender que sua presença firme, ao lado de Jesus, era o único tipo de apoio que poderia dar nesse momento temido, mas até isso era simplesmente uma demonstração pública de apoio. O sofrimento pessoal de Maria não teve nenhum tipo de participação na sua obra expiatória. Sua dor não acrescentou mérito algum ao sofrimento dele pela culpa dos outros. *Ele* é quem estava carregando os pecados do mundo. Ela não podia ajudá-lo nisso, nem ele precisava da ajuda dela, como algum tipo de "corredentora" ou "comediadora". "Pois há um só Deus e um só mediador entre Deus e os homens: o homem Cristo Jesus". A própria Maria não se intrometeu nesse ofício; é uma vergonha que tantas pessoas insistam em tentar atribuir-lhe esse papel (1 Timóteo 2.5).

Na verdade, nos momentos finais da vida de Jesus, foi *ele* que veio ao socorro *dela*. Dando seus últimos suspiros, Jesus localizou Maria de pé ao lado dele com um pequeno grupo de mulheres e João, o discípulo amado. Pela última vez, Jesus reconheceu seu parentesco humano com Maria. No relato de seu próprio evangelho, João descreve o que aconteceu: "Quando Jesus viu sua mãe ali, e, perto dela, o discípulo a quem ele amava, disse à sua mãe: 'Aí está o seu filho', e ao discípulo: 'Aí está a sua mãe'. Daquela hora em diante, o discípulo a levou para casa" (João 19:26-27).

Portanto, um dos últimos gestos terrenos de Jesus, antes de entregar sua vida a Deus, foi assegurar de que, pelo resto da vida, Maria seria bem-cuidada.

Esse ato resume o relacionamento de Maria com seu filho primogênito. Ela era sua mãe terrena, mas ele era seu eterno Senhor. Ela entendeu e assumiu esse relacionamento. Curvou-se à sua autoridade nas questões celestiais do mesmo modo que ele, em sua infância e juventude, sempre foi sujeito à sua autoridade de mãe nas questões materiais (Lucas 2:51). Como mãe, ela tinha anteriormente suprido todas as suas necessidades, mas no sentido final e eterno, ele é quem era o Salvador e provedor dela.

Maria era diferente de todas as mães. As mães piedosas geralmente se envolvem na tarefa de treinar seus filhos para o céu. O Filho de Maria era o Senhor e o Criador do céu. Com o passar do tempo, ela veio a perceber todo o significado dessa verdade, até que preencheu seu coração. Ela passou a ser uma discípula e uma adoradora. Seu parentesco maternal com ele foi para segundo plano. Aquele momento na cruz — Jesus colocando sua mãe sob os cuidados terrenos de João — formalmente marcou o ponto final desse aspecto terreno do relacionamento de Maria com Jesus.

Depois da morte de Jesus, Maria aparece só mais uma vez na Bíblia. Na crônica de Lucas, sobre a igreja primitiva, ela é relacionada entre os discípulos que estavam orando em Jerusalém no Pentecostes (Atos 1:14). Seu nome nunca é mencionado nas epístolas. É claro que a igreja primitiva nunca pensou em fazer dela um objeto de veneração religiosa do modo que muitos têm feito nos registros posteriores de várias tradições cristãs.

A própria Maria nunca reivindicou ser, ou fingiu ser, algo mais do que uma humilde serva do Senhor. Ela foi extraordinária porque Deus a usou de um modo extraordinário. Ela claramente via a si mesma como perfeitamente *comum*. Ela é retratada nas Escrituras somente como um instrumento que Deus usou para cumprir seu plano. Ela mesma nunca teve nenhuma pretensão de ser administradora da agenda divina, e nunca deu a ninguém incentivo para considerá-la uma mediadora na dispensação da graça divina. A perspectiva submissa refletida no *Magnificat* é o mesmo espírito simples de humildade que influenciou toda sua vida e caráter.

Realmente, é lamentável que a superstição religiosa tenha, de fato, idolatrado Maria. Ela, com certeza, é uma mulher digna de imitação, mas a própria Maria, sem dúvida, ficaria chocada só de pensar que alguém pudesse dirigir alguma oração a ela, venerasse sua imagem, ou acendesse velas em sua homenagem. Sua vida e testemunho nos apontam de forma coerente para seu Filho. Ele era o objeto de sua adoração. Ele era quem ela reconhecia como Senhor. Ele era aquele em quem ela confiava para tudo. O próprio exemplo de Maria, visto na luz pura das Escrituras, nos ensina a fazer o mesmo.

7

Ana, a profetisa

Testemunha fiel

[Ana] deu graças a Deus e falava a respeito do menino a todos os que esperavam a redenção de Jerusalém.

Lucas 2:38

É realmente impressionante que, na época em que Jesus nasceu, tão poucas pessoas em Israel reconhecessem o Messias deles, e não é que ninguém estivesse à sua espera. A expectativa messiânica no início do primeiro século estava no auge.

A profecia famosa de Daniel sobre "o Ungido, o líder" (Daniel 9:24-27), tinha praticamente fixado a data. Daniel escreveu: "Setenta semanas estão decretadas... Saiba e entenda que a partir da promulgação do decreto que manda restaurar e reconstruir Jerusalém até que o Ungido, o líder, venha, haverá sete semanas, e sessenta e duas semanas". Se as "semanas" de Daniel (literalmente, "os setes" em hebraico) forem entendidas como períodos de sete anos, Daniel está descrevendo um período com o total de 483 anos: "sete semanas" (49 anos) mais "sessenta e duas semanas" (434 anos). "A promulgação do decreto que manda restaurar e construir Jerusalém" parece ser uma referência ao decreto de Artaxerxes (Neemias 2:1-8), que foi promulgado em 444 ou 445 a.C. Se os anos forem contados com um calendário lunar de 360 dias, o cronograma de Daniel colocaria a aparição do "Ungido, o líder", em cerca de 30 d.C., ano de sua entrada triunfal.

As Escrituras registram que, quando João Batista começou seu ministério, "o povo estava em grande expectativa, questionando em seus corações se acaso João não seria o Cristo" (Lucas 3:15). Na verdade, vários discípulos tiveram o primeiro contato com Cristo justamente porque estavam esperando ansiosamente que ele aparecesse, e eles vieram a João Batista, que indicou o caminho para Cristo (João 1:27-37).

O fato é que praticamente todos os crentes fiéis em Israel já estavam aguardando com grande expectativa o Messias e procurando, de forma dedicada, por ele, na época exata em que Jesus nasceu. A ironia é que tão poucos o tenham reconhecido, porque ele não correspondeu a nenhuma de suas expectativas. Eles procuravam por um líder militar e político poderoso, que seria um rei conquistador, enquanto ele nasceu em uma família de camponeses. Quem sabe eles imaginavam que ele chegaria com grande fanfarra e ostentação, mas ele nasceu em um estábulo, quase secretamente.

As únicas pessoas em Israel que *realmente* reconheceram a Cristo no seu nascimento foram pessoas humildes e banais. Os magos de Mateus 2:1-12, obviamente, eram estrangeiros e gentios, e eles eram homens muito ricos, poderosos e influentes em sua própria cultura, mas os únicos *israelitas* que entenderam que Jesus era o Messias foram Maria e José, os pastores, Simeão e Ana. Basicamente, nenhum deles tinha expressão alguma. Todos eles o reconheceram porque foram avisados sobre quem ele era pelos anjos, ou por alguma outra forma de revelação especial. Lucas relata todas as histórias sucessivamente, como se estivesse chamando várias testemunhas, uma de cada vez, para resolver a questão.

Ana é a última testemunha a quem ele recorre. Tudo o que as Escrituras têm a dizer sobre ela só está contido em três versículos: Lucas 2:36-38. Ela não é mencionada em nenhuma outra parte da Bíblia, mas esses versículos são suficientes para confirmar sua reputação como uma mulher genuinamente extraordinária:

> Estava ali a profetisa Ana, filha de Fanuel, da tribo de Aser. Era muito idosa; havia vivido com seu marido sete anos depois de se casar e então

permanecera viúva até a idade de oitenta e quatro anos. Nunca deixava o templo: adorava a Deus jejuando e orando dia e noite. Tendo chegado ali naquele exato momento, deu graças a Deus e falava a respeito do menino a todos os que esperavam a redenção de Jerusalém.

A cena é a mesma que deixamos perto do final do nosso capítulo anterior. Simeão tinha acabado de levantar o bebê Jesus e de pronunciar uma bênção profética sobre ele. "Naquele exato momento", Lucas diz, Ana estava ali e imediatamente entendeu o que estava acontecendo, identificando a Cristo. Quem sabe ela tenha escutado de longe a bênção de Simeão. Ela provavelmente conhecia Simeão pessoalmente. A própria Ana estava sempre no templo, e Simeão foi descrito como "justo e piedoso" (v. 25). Os dois eram bem idosos. Não é muito provável que eles não se conhecessem. Quem sabe por conhecer a reputação de Simeão como homem justo, cuja única esperança na vida era de ver "a Consolação de Israel" com os seus próprios olhos antes de morrer, Ana parou e observou quando ouviu a bênção alegre que ele pronunciou sobre Jesus.

Do mesmo modo que todas as outras mulheres extraordinárias que vimos até agora, as esperanças e os sonhos de Ana eram cheios de expectativas messiânicas. Ela conhecia as promessas do Antigo Testamento e entendia que a salvação do pecado e a bênção futura de Israel dependiam da vinda do Messias. Um dia, seu anseio de vê-lo tinha sido satisfeito de uma forma repentina e surpreendente enquanto seguia sua rotina normal no templo.

Ana aparece somente em uma introdução bem curta do evangelho de Lucas, mas sua menção nesse livro eleva a importância de sua vida e testemunho. Ela foi abençoada por Deus para ser uma das poucas testemunhas importantes que conheceram e entenderam a importância do nascimento de Jesus, e ela não fez nenhum esforço para guardar segredo. Por isso, passou a ser uma das primeiras e mais sólidas testemunhas de Cristo. Sem dúvida, em todos os lugares onde o evangelho de Lucas é proclamado, seu testemunho ainda leva pessoas ao Salvador. Por isso, ela merece um lugar importante em qualquer lista de mulheres extraordinárias.

Na verdade, boa parte da vida extraordinária de Ana pode ser deduzida dos três versículos breves da Bíblia que são dedicados à sua história. A narrativa de Lucas está cheia de expressões importantes que nos dão um entendimento surpreendentemente rico sobre a vida e o caráter de Ana.

Ela era uma profetisa

Lucas a apresentou desse modo: "Estava ali a profetisa Ana" (Lucas 2:36). Seu nome é o mesmo da mãe de Samuel. Lembre-se da história da mãe de Samuel, cujo nome significa "graça" — um nome adequado para uma digna mulher de Deus. O caráter de Ana possui algumas semelhanças marcantes com a da sua homônima do Antigo Testamento. As duas se destacavam pela prática da oração e do jejum. Elas se sentiam bem à vontade no templo. As duas profetizavam. No caso da mãe de Samuel, você deve lembrar, sua oração de celebração (1Samuel 2:1-10) também era um salmo profético sobre o Messias. Diz-se que Ana é uma profetisa cujo coração estava preparado para a vinda do Messias.

O que Lucas quis dizer com *profetisa*? Ele não estava dando a entender que Ana previa o futuro. Ela não era uma adivinha. Ele não sugeriu que ela tenha recebido uma revelação especial de Deus. A palavra simplesmente designava uma mulher que proclamava a Palavra de Deus. Todo pregador que proclama fielmente a Palavra de Deus seria um "profeta" no sentido bíblico geral, e a profetisa seria uma mulher dedicada exclusivamente a declarar a Palavra de Deus.

Ana pode ter sido uma professora de Antigo Testamento para outras mulheres, ou pode simplesmente ter tido um ministério particular lá no templo, trazendo palavras de incentivo e instrução diretamente das Escrituras Hebraicas para as outras mulheres que vinham adorar. Não há nenhum indício de que ela seja uma fonte de revelação, ou de que alguma revelação especial tenha chegado a ela diretamente. Até sua percepção de que Jesus era o Messias parece ter vindo da revelação concedida a Simeão e ouvida em seguida por ela. Ainda assim, ela é chamada de profetisa porque tinha o hábito de declarar a verdade da Palavra de Deus para as pessoas, e esse dom acabou tendo um papel importante no ministério pelo qual ela é mais lembrada.

Em todo o Antigo Testamento, só se faz referência a cinco mulheres como "profetisas". A primeira foi Miriã, a irmã de Moisés, identificada como profetisa em Êxodo 15:20, em que ela regeu as mulheres de Israel em um salmo de louvor a Deus pelo afogamento de Faraó e do seu exército. O salmo simples, de uma estrofe, que Miriã cantou, foi o conteúdo da sua única profecia que foi registrada (v. 21). O fato de que Deus tinha falado por meio dela em uma oportunidade, infelizmente, se tornou uma ocasião para seu orgulho e, posteriormente, rebelião (Números 12:1-2), e o Senhor a disciplinou por esse pecado, quebrantando-a com a lepra por um tempo (vv. 9-15).

Em Juízes 4:4, somos apresentados à segunda mulher no Antigo Testamento designada como profetisa: "Debora, uma profetisa, mulher de Lapidote". Ela era a única mulher entre os mais variados juízes que lideraram o povo judeu antes que a monarquia fosse estabelecida em Israel. Na verdade, ela foi a única mulher em toda a Bíblia que teve esse tipo de cargo de liderança e foi abençoada por isso. O Senhor parece tê-la levantado como uma repreensão aos homens de sua geração que estavam paralisados pelo medo. Ela não se viu como uma usurpadora dos homens, mas como uma mulher que agiu com uma função maternal, enquanto homens como Baraque estavam sendo levantados para assumir seus cargos adequados de liderança (5:12). É por isso que ela referia a si mesma como "uma mãe em Israel" (v. 7). Ela deu instruções a Baraque da parte do Senhor (Juízes 4:6), portanto, parece que ela recebeu revelações de Deus, pelo menos nessa ocasião.

Em 2Reis 22:14, a Bíblia menciona Hulda como profetisa. Nos versículos 15-20, ela tinha uma mensagem do Senhor para Hilquias, o sacerdote, e para outras pessoas. Não se sabe nada sobre ela ou seu histórico. Na verdade, ela só é mencionada nessa passagem e em uma referência a ela em 2Crônicas 34:22-28.

As outras duas mulheres chamadas de profetisa no Antigo Testamento foram: uma mulher, que de outro modo seria desconhecida, chamada Noadia, que foi classificada entre os *falsos* profetas; e a esposa de Isaías (Isaías 8:3), que foi chamada de profetisa somente porque foi casada com ele, e não porque ela tivesse profetizado — a menos que sua decisão de chamar seu filho de Maher-Shalal-Has-Baz seja contada como profecia.

Deus raramente falava a seu povo pelas mulheres, e nunca nenhuma mulher teve um ministério profético permanente semelhante ao de Elias, Isaías ou qualquer outro profeta importante do Antigo Testamento. Em outras palavras, não se encontra nada em nenhuma parte das Escrituras que indique que alguma mulher exercesse um ofício profético. A ideia de que "profetisa" era um termo técnico para um cargo oficial ou um ministério permanente de revelação direta simplesmente não se encontra em nenhum lugar das Escrituras.

A identificação de Ana como "profetisa", portanto, não queria dizer necessariamente que ela tenha recebido pessoalmente alguma revelação divina. Quando Lucas a chama de "profetisa", não devemos imaginar que esse era um ofício que ela tinha. Muito provavelmente, significava que ela era conhecida como uma professora talentosa de outras mulheres e como uma incentivadora fiel daqueles que adoravam com ela no templo. Sempre que falava, era sobre a Palavra de Deus. Evidentemente, ela tinha passado toda uma vida guardando a Palavra de Deus no coração. Naturalmente, esse era o conteúdo do que ela, geralmente, tinha a dizer. Portanto, quando Lucas a chamou de "profetisa", ele deu uma ideia do seu caráter e uma pista sobre o que ocupava sua mente e suas palavras.

"Da tribo de Aser"

Ana, posteriormente, é identificada como "filha de Fanuel, da tribo de Aser" (Lucas 2:36). Sua herança é relatada porque ela é bem incomum. Aser era o oitavo filho de Jacó. Era da descendência de Zilpa, serva de Leia e concubina de Jacó (Gênesis 30:12-13). A tribo que descendeu de Aser pertencia a Israel, o reino apóstata do norte.

Se você lembra da história do Antigo Testamento, você sabe que o reino se dividiu depois da época de Salomão. As dez tribos do norte formaram uma nação independente, com seu próprio rei — que não era herdeiro legítimo do trono de Davi, mas um usurpador. A partir daí, no Antigo Testamento, o nome "Israel" se aplicava ao reino apóstata do norte. O reino do sul foi chamado de "Judá". Isso foi devido ao fato de Judá ser, de longe, a maior dentre as duas tribos remanescentes do sul — a outra era Benjamim.

O reino do sul permaneceu fiel ao trono de Davi. Com certeza, a cidade de Jerusalém fica no centro do reino do sul, próxima à fronteira entre Judá e Benjamim. O templo ali situado era ainda o único local onde o sacerdócio verdadeiro poderia oferecer sacrifícios. Alguns israelitas fiéis de cada uma das dez tribos migraram para o sul para que não fossem cortados do templo, mas, ao fazer isso, largaram a terra da sua família e a sua herança.

Judá e Israel permaneceram independentes um do outro por várias gerações. Às vezes, eles eram aliados inquietos, mas na maior parte do tempo eram rivais ferozes. A apostasia e a idolatria atormentavam continuamente as duas nações. Os profetas foram enviados por Deus para avisar tanto as tribos do norte quanto as tribos do sul sobre sua decadência espiritual, mas os profetas, em sua maioria, foram rejeitados nos dois lados da fronteira. Vários reis maus se assentaram nos dois tronos. Judá teve alguns reis bons e piedosos em sua dinastia, mas todos os reis de Israel foram maus.

Naturalmente, o Israel apóstata construiu novos locais de adoração e estabeleceu um sacerdócio alternativo. Isso levou rapidamente à corrupção total da religião judaica no reino do norte. Cada vez mais formas mais sinistras de paganismo saturaram a cultura. Finalmente, em 722 a.C., os assírios conquistaram as dez tribos do norte e levaram a maior parte do povo ao cativeiro. Somente poucos retornaram.

O fato de Ana descender da tribo de Aser dá a entender que sua herança devia muito à graça de Deus. Ou seus antepassados teriam migrado para o sul antes da conquista assíria de Israel, ou eles estavam entre o grupo pequeno e espalhado de exilados que retornaram do cativeiro. De qualquer modo, ela era parte do remanescente fiel do reino do norte, e, portanto, um símbolo vivo da fidelidade de Deus para com seu povo.

"Esta mulher era viúva"

Na época do nascimento de Jesus, Ana já era avançada em idade. Ela não teve uma vida particularmente fácil. Todo o seu mundo foi devastado por uma tragédia quando ela era ainda bem jovem, aparentemente, até antes mesmo de ela ter dado à luz. Seu marido morreu sete anos depois do seu casamento, e ela permaneceu solteira desde então.

O texto grego é ambíguo quanto a sua idade exata. ("Ela era uma viúva de oitenta e quatro anos"). Isso pode significar literalmente que ela tinha sido viúva por 84 anos. Supondo que ela tenha se casado bem jovem —

lembre-se de que treze anos era uma boa idade de noivado nessa sociedade —, e que depois tenha vivido sete anos com seu marido antes de ele morrer, isso lhe daria um total de pelo menos 104 anos de idade — extremamente idosa, mas com uma idade totalmente possível.

Muito provavelmente, o que o texto está dizendo é que ela, naquele momento, era uma viúva de 84 anos. Ela estava casada por sete anos quando o marido morreu e, sem nunca ter casado novamente, tinha vivido como viúva por mais de seis décadas.

A viuvez naquela sociedade era extremamente difícil. Ela praticamente garantia uma vida de pobreza extrema. Por isso que, na igreja primitiva, o apóstolo Paulo exortou as viúvas jovens a se casarem de novo (1Timóteo 5:14), para que a igreja não se sobrecarregasse para sustentá-las.

Ana, provavelmente, ou vivia de doações ou tinha seu sustento a partir do que restou da herança da família. De qualquer maneira, ela deve ter tido uma vida bem austera, pura e discreta. Lucas acrescenta que ela "adorava a Deus jejuando e orando dia e noite" (Lucas 2:37) — completando o retrato da vida e do ministério dessa mulher idosa, digna, tranquila e dedicada.

"Que não saía do templo"

Lucas transmitiu outro detalhe importante sobre Ana: ela nunca deixava o templo (Lucas 2:37). Essa é uma afirmação de destaque, que dá a entender que Lucas a aplicou no sentido literal. Evidentemente, Ana morava bem na área do templo. Havia alguns apartamentos nos pátios do templo (Neemias 13:7-9). Eram quartos modestos, provavelmente, usados como habitações temporárias para sacerdotes que moravam na área do templo enquanto exerciam seu serviço anual de duas semanas.

Provavelmente, por causa do seu longo histórico de fidelidade, de seus óbvios dons espirituais, da sua dedicação firme ao Senhor e do seu compromisso constante com o seu ministério de oração e jejum, os oficiais do templo lhe deram um pequeno quarto. A essa altura, Ana estava velha demais para ser empregada como zeladora, mas talvez tenha desempenhado essa função em algum momento, e o quarto onde morava teria lhe sido dado por toda a vida. De qualquer modo, era, finalmente, o Senhor que tinha providenciado um lugar para ela em sua casa e preparou de uma maneira soberana o acordo que ela deve ter feito com os guardiões do templo.

É óbvio que Ana era uma mulher extremamente notável aos olhos de todos que a conheciam. Teve a vida mais simples possível. *Sempre* podia ser encontrada no templo. Dedicava-se exclusiva e completamente ao serviço e à adoração a Deus — principalmente, por meio de suas orações e jejuns.

O modo pelo qual orava, acompanhado de jejuns, fala de sua abnegação e sua sinceridade. Jejuar, por si só, não é um exercício particularmente útil. Abster-se de alimento não tem nenhum efeito místico exclusivo sobre o que é espiritual, mas a oração *acompanhada de jejum* revela um coração tão envolvido em oração e tão desejoso de receber a bênção que busca, que a pessoa simplesmente não tem interesse algum em comer. Esse é o momento no qual o jejum realmente tem valor.

Ana, aparentemente, tinha feito disso uma norma para os seus 64 anos ou mais de serviço. Essa era uma mulher fervorosa! Por que causa você acha que Ana tinha orado? Com certeza, ela orava por muitas coisas, mas não há muita dúvida de que um dos principais assuntos de suas orações era um apelo sincero pela mesma coisa que Simeão estava tão ansioso para ver: "a Consolação de Israel". Sua esperança, como a de Eva, estava na Semente que esmagaria a cabeça da serpente. Seu anseio, como o de Sara, estava na Semente de Abraão, que abençoaria todas as nações da terra. Ela estava orando para que Deus logo enviasse o libertador prometido, o Messias.

A fé incrível de Ana vinha do fato de que ela acreditava em todas as promessas que estavam no Antigo Testamento. Ela levou a Palavra de Deus a sério. Ela sabia, em seu coração, que o Messias estava chegando, e sem dúvida alguma sua primeira e mais importante oração era que isso acontecesse logo.

Tenho certeza de que Ana tinha um conhecimento incrível da verdade espiritual. Lembre-se: ela pertencia ao remanescente fiel, não à maioria apóstata. Ela não tinha participação no erro e na hipocrisia que Jesus repreenderia, posteriormente, entre os escribas e fariseus. Não participava do esquema de câmbio no templo que acendeu a sua ira. Sabia que os fariseus eram legalistas corruptos. Entendia que os saduceus eram liberais espiritualmente falidos. Amava a Deus de verdade. Compreendia a mente e o coração do Senhor. Acreditava genuinamente em sua Palavra. Ana era, de fato, uma mulher maravilhosamente notável — talvez uma das pessoas mais dedicadas que encontramos nas páginas das Escrituras. Não me ocorre mais ninguém que tenha jejuado e orado fielmente por mais de sessenta anos!

Deus estava prestes a lhe dar uma resposta às suas orações da forma mais dramática. O versículo 38 diz que quando Simeão tinha acabado de pronunciar sua bênção profética sobre o bebê Jesus e sobre os seus pais terrenos, "naquele instante", ela surgiu. Note que o templo de Herodes era uma construção gigante, e que o complexo do templo era imenso, rodeado de um pátio com milhares de pessoas dando voltas dentro dele praticamente a todo momento.

José e Maria não conheciam Simeão, mas pela providência de Deus e pela orientação soberana do seu Espírito, ele os tinha reunido. Naquele exato momento, quando Simeão estava abençoando o bebê com palavras proféticas inspiradas, o Espírito de Deus conduziu providencialmente essa mulher idosa para um lugar onde ela pudesse ouvir o que estava sendo dito. A descrição de Lucas é tipicamente ignorada: "Tendo chegado ali naquele exato momento, deu graças a Deus" (v. 38).

De repente, tudo aquilo pelo que ela tinha orado e jejuado estava bem ali diante do seu rosto, envolvido em panos, nos braços de Simeão. Pela fé, ela soube no mesmo instante que a profecia de Simeão estava certa e que Deus tinha atendido suas orações. Ela imediatamente começou a agradecer a Deus, e todos aqueles muitos e muitos anos de petições se transformaram em louvor.

Só podemos ter uma vaga ideia do que Ana sentiu depois de longas décadas de oração e jejum concentrados, desejando que Deus revelasse sua glória novamente, orando e jejuando pela salvação de Israel, e rogando a Deus para enviar o Messias. Finalmente, a resposta de suas orações tinha vindo em carne e osso.

"E FALAVA A RESPEITO DO MENINO A TODOS"

De repente, o dom profético de Ana se expressou corajosamente: "e falava a respeito do menino a todos os que esperavam a redenção de Jerusalém" (Lucas 2:38). O tempo verbal denota ação contínua. Significa literalmente que ela falava continuamente dele a todos que estavam procurando pelo Redentor. Essa se tornou sua única mensagem pelo resto da vida.

Observe que Ana sabia quem era o remanescente fiel. Sabia identificar os verdadeiros adoradores — aqueles que, como ela, esperavam ansiosamente pelo Messias. Ela procurava por essas pessoas, e, daí por diante, em todas as oportunidades, ela lhes falava sobre *ele*.

É assim que essa mulher querida, que passou tantos anos na maior parte do tempo conversando com Deus, tornou-se mais conhecida por falar às pessoas sobre Cristo. O Messias, finalmente, tinha chegado, e Ana foi uma das primeiras a saber quem ele era. Ela não conseguia se calar sobre essa notícia. Por isso, foi uma das primeiras e mais sólidas testemunhas de Cristo.

Não há registros do que aconteceu com Ana. Ela sem dúvida já havia partido na época em que Cristo tinha começado o seu ministério público, trinta anos mais tarde. O dia de sua dedicação foi, provavelmente, a única vez que ela o viu, mas isso bastava para ela. Ela literalmente não conseguia parar de falar sobre ele. Essa sim foi a parte mais cativante do legado extraordinário dessa mulher maravilhosa!

8

A MULHER SAMARITANA

Encontrando a água da vida

Venham ver um homem que me disse tudo o que tenho feito. Será que ele não é o Cristo?

João 4:29

Em João 4, encontramos uma mulher samaritana com um histórico bem sórdido, cujo nome não é revelado. Jesus a encontrou quando veio tirar água em um poço, e esse encontro transformou sua vida. O apóstolo João dedicou 42 versículos para contar a história do encontro incrível dessa mulher com o Senhor. Essa parte tão importante das Escrituras não seria dedicada a esse episódio a menos que as lições contidas nele não fossem de suma importância.

À primeira vista, boa parte da cena parece comum e sem importância. Trata-se de uma mulher anônima que realizava a tarefa mais banal do cotidiano: tirar sua porção diária de água para sua casa. Ela veio sozinha, em uma hora em que, provavelmente, ninguém mais estivesse lá no poço. Essa foi, provavelmente, uma indicação de seu estado marginal. Jesus, viajando pela região a caminho de Jerusalém, estava descansando perto do poço. Seus discípulos estavam comprando comida na vila vizinha. Jesus, sem ter nenhum utensílio nem corda alguma para tirar água, pediu à mulher para lhe dar de beber. Não se tratava de um incidente maravilhoso e, com certeza, essa não era uma cena que nos levaria a esperar que uma das lições teológicas mais profundas em toda a Bíblia estivesse quase começando.

Um cenário impressionante

No entanto, olhe mais de perto, e você verá que muitos detalhes nesse quadro têm uma importância enorme.

Em primeiro lugar, tratava-se do poço de Jacó, localizado em um pedaço de terra bem conhecido pelos estudantes do Antigo Testamento. Era um campo que Jacó comprou para que ele pudesse armar sua tenda na terra de Canaã (Gênesis 33:18-19). Ele construiu um altar no local, "e lhe chamou El Elohe Israel", que significa "o Deus de Israel" (v. 20). Esse foi exatamente o primeiro imóvel habitável registrado nas Escrituras que algum israelita possuiu na Terra Prometida. Abraão tinha comprado, anteriormente, o campo de Efrom, que possuía uma caverna que se tornou no seu sepulcro e o de Sara (Gênesis 23:17-18; 25:9-10), mas essa propriedade na verdade se tornou a base doméstica de Jacó.

Somos lembrados, em João 4:5, que esse foi o mesmo pedaço de terra que Jacó deixou em testamento para seu filho preferido, José (Gênesis 48:21-22). Posteriormente, ele passou a ser o local exato onde os ossos de José, finalmente, descansaram (Josué 24:32). Lembre-se de que quando Moisés saiu do Egito, ele levou o caixão de José (Gênesis 50:24-26; Êxodo 13:19). Os israelitas levaram os restos mortais de José com eles pelos quarenta anos no deserto. Uma das primeiras coisas que fizeram depois de conquistar a Terra Prometida foi o enterro final desses ossos. Tudo isso foi feito de acordo com o pedido do próprio José (Atos 7:15-16).

O poço que estava na propriedade não foi mencionado no Antigo Testamento, mas sua localização era bem conhecida na época de Jesus devido a séculos de tradição judaica, e o local permanece como monumento até os dias de hoje. O poço é bem profundo (João 4:11), acessível somente com uma corda bem comprida, através de um buraco que foi escavado em meio a uma placa macia de calcário. O reservatório abaixo dela é alimentado por uma nascente, portanto, sua água está sempre potável, pura e gelada. É o único poço, e a melhor água disponível, em uma vizinhança que tinha muitas nascentes salobras. A existência desse poço na propriedade de Jacó era considerada, pelos israelitas, uma prova da graça e da bondade de Deus ao seu patriarca. Então, o local tinha um histórico bem grande e importante dentro da tradição judaica.

No entanto, na época de Jesus, aquele pedaço de terra ficava em território samaritano, e isso é outro detalhe surpreendente e importante para o cenário de João 4. Já era incomum Jesus estar em Samaria, e talvez um pouco escandaloso. Os samaritanos eram considerados impuros pelos israelitas. Jesus estava viajando de Jerusalém para a Galileia (v. 3). Um simples olhar no mapa revela que a rota mais direta passa bem no meio de Samaria, mas na época de Jesus, qualquer judeu de respeito sempre viajaria por um trajeto diferente. A rota preferida era passar a leste do rio Jordão, depois para o norte, por Decápolis, antes de atravessar o Jordão novamente para a Galileia. Essa rota alternativa se afastava por muitos quilômetros, mas evitava Samaria, e era essa a intenção.

Os samaritanos eram um povo mestiço descendente de pagãos que tinham casado com os poucos israelitas que sobraram depois que os assírios conquistaram o reino do norte (722 a.C.). Na época de Neemias, em meados do século quinto antes de Cristo, os samaritanos se constituíam em uma séria ameaça contra a pureza de Israel. A história secular registra que o principal inimigo de Neemias, Sambalate, era um dos primeiros governadores de Samaria (Neemias 4:1-2). O neto do sumo sacerdote judeu se casou com a filha de Sambalate, levando à ira de Neemias. "Eu o expulsei para longe de mim", Neemias escreveu (13:28). Com esse casamento, eles "profanaram o ofício sacerdotal e a aliança do sacerdócio e dos levitas" (v. 29).

Por volta do primeiro século, os samaritanos tinham uma cultura distinta, construída em torno de uma religião sincrética, misturando aspectos do judaísmo e de paganismo grosseiro. Seu local de adoração era o monte Gerizim. Sambalate tinha construído um templo ali para competir com o templo de Jerusalém. O templo samaritano era servido por um sacerdócio falso, obviamente. Lembre-se de que os israelitas do reino do norte já tinham corrompido o judaísmo vários séculos antes, estabelecendo um sacerdócio falso. Esse tipo corrompido de judaísmo foi precisamente o que deu origem ao samaritanismo. Portanto, a religião samaritana foi afastada da verdade em dois momentos, mas eles cultivavam alguns elementos da doutrina judaica. Os samaritanos consideravam o Pentateuco (os cinco primeiros livros do Antigo Testamento) inspirados por Deus. No entanto, eles rejeitavam os salmos e os profetas.

Durante o período Macabeu, menos de 150 anos antes da época de Cristo, os exércitos judeus, comandados por João Hircano, destruíram o templo samaritano. Mesmo assim, o monte Gerizim continuou sagrado para os samaritanos, como centro de adoração para sua religião. Um grupo de samaritanos ainda cultua naquele lugar até hoje.

O desprezo dos judeus pelos samaritanos era tão intenso que, em meados do primeiro século, a maioria dos judeus simplesmente se recusava a viajar por Samaria, a despeito da importância dessa terra para sua tradição.

Jesus quebrou essa convenção dc propósito. Em João 4:4, lemos: "Era-lhe *necessário* passar por Samaria" (destaque nosso). Ele tinha um propósito a cumprir, e isso exigia que ele viajasse por Samaria, parasse no poço histórico, conversasse com essa mulher problemática e fizesse uma revelação sem precedentes sobre sua verdadeira missão e identidade.

Visto sob esse prisma, praticamente tudo a respeito do cenário de João 4 se torna notável. É incomum encontrar Jesus sozinho. É incrível perceber que o Deus encarnado poderia se cansar fisicamente (v. 6) ou ter sede (v. 7). É surpreendente que Jesus, intencionalmente, abordaria ou iniciaria uma conversa com uma samaritana miserável como essa. Era surpresa até mesmo para ela que algum judeu quisesse falar com ela (v. 9). Era igualmente chocante para os discípulos encontrá-lo conversando com ela (v. 27). Deve ter sido considerado ofensivo que ele bebesse de um vaso impuro, que pertencia a uma mulher imunda. Parece estranho para uma mulher como essa entrar em um diálogo teológico prolongado. É maravilhoso ver como pode ser rico o ensino de Cristo, mesmo em um contexto como esse. O centro ou a alma de tudo o que as Escrituras ensinam sobre a adoração autêntica está resumido nas poucas palavras que Jesus falou a essa mulher nos versículos 21 a 24. É impressionante que o seu pecado pessoal fosse uma questão tão importante para o seu coração e para a sua mente (v. 29), ainda que Jesus tenha se referido a ele de modo indireto (v. 18), e ainda que ela tenha tentado, inicialmente, mudar de assunto (vv. 19-20).

No entanto, o que era espantosamente inesperado a respeito de todo esse relato fantástico é que Jesus escolheu *aquela* hora, *aquele* local e *aquela* mulher em particular para ser parte do cenário onde ele revelaria, pela primeira vez em sua vida, formalmente e explicitamente, sua identidade verdadeira como Messias, e esse fato único dá a essa mulher um lugar importante na lista das mulheres extraordinárias.

Uma conversa curiosa

A conversa de Jesus com a mulher iniciou-se de forma bem simples e natural: ele pediu algo para beber. O poço era profundo, e ele não tinha como tirar água dele, então, disse: "Dê-me um pouco de água" (v. 7). Ele, provavelmente, disse isso de forma casual e suficientemente amigável, mas expressou isso como uma ordem, e não como uma pergunta.

Ela, obviamente, não achou que o pedido, ou o modo pelo qual ele o colocou, era mal-educado. Ela, com certeza, não agiu como se sentisse ofendida. Em vez disso, imediatamente se admirou que ele lhe dirigisse a palavra e, ainda mais, que lhe pedisse para beber de seu vaso: "Como o senhor, sendo judeu, pede a mim, uma samaritana, água para beber?" (v. 9). Os tabus quanto ao gênero, quanto à raça e quanto à classe social, normalmente, impediriam pessoas do nível de Jesus de conversar com uma mulher como ela, muito menos de beber em um recipiente de água que pertencesse a ela.

Evitando responder sua pergunta, Jesus disse: "Se você conhecesse o dom de Deus e quem lhe está pedindo água, você lhe teria pedido e ele lhe teria dado água viva" (v. 10). Ele já estava dando uma ideia da mensagem real que ele pretendia transmitir a ela.

Ela imediatamente entendeu que ele estava fazendo uma afirmação incrível. Ela respondeu: "O senhor não tem com que tirar a água, e o poço é fundo. Onde pode conseguir essa água viva? Acaso o senhor é maior do que o nosso pai Jacó, que nos deu o poço, do qual ele mesmo bebeu, bem como seus filhos e seu gado?" (vv. 11-12).

Na verdade, ele era maior do que Jacó, e é exatamente isso que ele queria demonstrar para ela, mas, mais uma vez, em vez de responder sua pergunta de forma direta, continuou a falar da água viva. De fato, ele a garantiu, a água que ele oferecia era infinitamente melhor do que a água do poço de Jacó: "Quem beber desta água terá sede outra vez, mas quem beber da água que eu lhe der nunca mais terá sede. Pelo contrário, a água que eu lhe der se tornará nele uma fonte de água a jorrar para a vida eterna" (vv. 13-14).

Agora ela estava extremamente curiosa, então lhe pediu para dar a água viva (v. 15). Acho que naquela altura ela, provavelmente, entendia que ele estava falando da água espiritual. As parábolas e metáforas eram ferramentas padrão de ensino naquela cultura. Jesus era, obviamente, algum tipo de rabino ou de líder espiritual. Não parece que ela ainda estava pensando em termos literais, mas sua resposta refletiu a mesma linguagem metafórica que ele tinha usado com ela: "Senhor, dê-me dessa água, para que eu não tenha mais sede, nem precise voltar aqui para tirar água" (v. 15).

As próximas palavras de Jesus a interromperam de forma inesperada: "Vá, chame o seu marido e volte!" (v. 16).

Agora ela estava em um dilema. A verdade sobre sua vida era tão horrível que não conseguia admitir para ele. Ele parecia supor que ela fosse uma mulher típica com um lar respeitável e um marido honrado. Ela não era nada disso, mas em vez de expor toda sua desgraça a esse rabino, só lhe disse uma pequena parte da verdade: "Eu não tenho marido" (v. 17).

Para sua decepção total, ele já sabia de toda a verdade: "Você falou corretamente, dizendo que não tem marido. O fato é que você já teve cinco; e o homem com quem agora vive não é seu marido. O que você acabou de dizer é verdade" (vv. 17-18). Observe que ele não a repreendeu como mentirosa. Pelo contrário, a elogiou por falar a verdade. Ela não estava negando seu pecado, mas, obviamente, também não estava orgulhosa dele. Portanto, para manter o mínimo de dignidade, ela simplesmente tinha evitado as deduções da pergunta sem realmente mentir para encobrir alguma coisa.

Isso não importa. Ele sabia tudo sobre o pecado dela nos mínimos detalhes. Quando ela relatou, posteriormente, seu encontro com Jesus, esse foi o fato que a impressionou mais: ele a disse tudo o que ela tinha feito

(vv. 29, 39). Momentos antes, ela tinha questionado se ele era maior do que Jacó. Naquele momento, ela soube que sim.

Gosto muito da simplicidade moderada e quase engraçada com a qual ela reconheceu sua própria culpa: "Senhor, vejo que é profeta" (v. 19). Ele a tinha desmascarado completamente. Fosse quem ele fosse, ele, obviamente, sabia tudo sobre ela, e, mesmo assim, longe de zombar dela ou castigá-la, ele a tinha oferecido a água da vida!

A essa altura, milhares de pensamentos e perguntas preencheram sua mente. Ela, com certeza, deve ter pensado sobre quem ele era exatamente e como ele sabia tanta coisa a respeito da sua vida. É óbvio que ele estava bem preparado para contar a ela quem ele era. Ele mesmo levantou essa questão quase imediatamente (v. 10), mas, ao invés de prosseguir, ela levou a conversa para uma direção esquisita, trazendo o que, em seu entendimento, era a principal questão de disputa religiosa entre judeus e samaritanos: "Nossos antepassados adoraram neste monte, mas vocês, judeus, dizem que Jerusalém é o lugar onde se deve adorar" (v. 20). Ela realmente não expressou isso em forma de pergunta, mas não acho que tenha sido sua intenção desafiar Jesus. Creio que ela estava esperando que esse rabino, que parecia saber de tudo, pudesse esclarecer o que parecia a ela ser o debate fundamental dos séculos: Quem estava certo? Os judeus ou os samaritanos? Gerizim ou Jerusalém?

Jesus não ignorou sua pergunta sincera, nem a repreendeu por mudar de assunto. Ele lhe deu uma resposta breve, porém poderosa, em João 4:21-24:

> Creia em mim, mulher: está próxima a hora em que vocês não adorarão o Pai nem neste monte, nem em Jerusalém. Vocês, samaritanos, adoram o que não conhecem; nós adoramos o que conhecemos, pois a salvação vem dos judeus. No entanto, está chegando a hora, e de fato já chegou, em que os verdadeiros adoradores adorarão o Pai em espírito e em verdade. São estes os adoradores que o Pai procura. Deus é espírito, e é necessário que os seus adoradores o adorem em espírito e em verdade.

Com essa resposta, ele conseguiu várias coisas. Primeiro, ele esclareceu que o que importa não é o local da adoração. Os verdadeiros adoradores se definem pelo objeto e pela maneira da adoração.

Em segundo lugar, ele deixou bem claro que a tradição religiosa na qual ela foi criada era completamente falsa: "Vocês, samaritanos, adoram o que não conhecem; nós adoramos o que conhecemos, pois a salvação vem dos judeus" (v. 22). Ele não suavizou a realidade, nem se esforçou para tentar ser delicado. Ele respondeu à pergunta que ela, de fato, tinha perguntado.

Em terceiro lugar, ele sutilmente a fez retornar para o assunto principal dizendo-lhe que uma nova era estava começando onde nem Gerizim nem Jerusalém teriam um monopólio no sacerdócio. A época da Nova Aliança estava despontando no horizonte. Havia uma expressão sutil de expectativa messiânica em suas palavras, e ela compreendeu isso.

Ela respondeu com estas palavras incríveis: "Eu sei que o Messias (chamado Cristo) está para vir. Quando ele vier, explicará tudo para nós" (v. 25).

Não é importante que essa mulher samaritana, nascida e criada em uma cultura religiosa corrupta, tinha a mesma esperança messiânica de todas as outras mulheres piedosas da Bíblia?

Agora, reflita sobre as consequências de sua afirmação. Ela sabia que o Messias estava chegando. Essa é uma expressão definitiva de confiança. Era uma fé embrionária esperando para nascer, e como ela achava que o Messias verdadeiro se identificaria? "Quando ele vier, explicará tudo para nós" (v. 25). Ele já tinha demonstrado que sabia todos os seus segredos. Como testemunhou posteriormente para os homens de sua cidade: "[Ele] me disse tudo o que tenho feito" (v. 29).

Ela estava dando uma pista forte de sua suspeita que o próprio Jesus fosse o Messias. Quando o apóstolo Pedro confessou, posteriormente, a sua fé no fato de que Jesus era Cristo, o Filho do Deus vivo, Jesus disse-lhe: "Feliz é você, Simão, filho de Jonas! Porque isto não lhe foi revelado por carne ou sangue, mas por meu Pai que está nos céus" (Mateus 16:17). O mesmo aconteceu a essa mulher. O Espírito Santo estava operando no seu coração. Deus, o Pai, a estava aproximando irresistivelmente de Cristo, revelando-lhe a verdade que os olhos nunca viram e os ouvidos nunca ouviram.

Naquele momento, Jesus estava pronto a tirar a cortina e revelar sua verdadeira identidade como nunca tinha feito antes.

Uma revelação impressionante

Logo depois de ela ter mencionado a questão do Messias, Jesus disse: "Eu sou o Messias! Eu, que estou falando com você" (João 4:26). Essa é a declaração messiânica mais direta e explícita que Jesus fez. Nunca antes, em nenhum relato bíblico, ele tinha dito isso de um modo tão direto. Em nenhuma outra ocasião ele se declarou de forma tão clara, até a noite da sua traição.

Com certeza, quando Pedro fez sua grande afirmação, Jesus disse que ele estava certo (Mateus 16:17-19), mas imediatamente "advertiu a seus discípulos que não contassem a ninguém que ele era o Cristo" (v. 20). Quando a multidão de judeus exigiu: "Se é você o Cristo, diga-nos abertamente!" (João 10:24), ele nunca negou a verdade, mas evitou afirmar de forma explícita as palavras que eles estavam rogando ouvir. Em vez disso, recorreu às suas obras como prova de quem ele era: "Eu já lhes disse, mas vocês não creem. As obras que eu realizo em nome de meu Pai falam por mim" (v. 25).

Foi somente em seu julgamento diante de Caifás, no início da manhã, pouco antes da sua crucificação, que Jesus revelou novamente sua identidade de forma tão clara quanto ele tinha revelado àquela mulher samaritana.

O sumo sacerdote o perguntou: "Você é o Cristo, o Filho do Deus Bendito?" (Marcos 14:61).

Jesus disse: "Sou... E vereis o Filho do homem assentado à direita do Poderoso vindo com as nuvens do céu" (v. 62).

Essa foi a exata declaração que, finalmente, custou-lhe a vida. Marcos escreveu: "O sumo sacerdote, rasgando as próprias vestes, perguntou: 'Por que precisamos de mais testemunhas? Vocês ouviram a blasfêmia. Que acham?'. Todos o julgaram digno de morte" (vv. 63-64).

À luz de tudo isso, é absolutamente impressionante que a primeira vez que Jesus escolheu se revelar como Messias tenha sido para uma mulher samaritana com um passado tão sombrio, mas sua revelação de si mesmo era um testemunho da sua fé. O fato de ele ter se declarado de forma tão clara é a prova positiva de que a pequena partícula de fé que a fazia, a princípio, esperar pelo Messias, ou estava pronta para se desenvolver em uma fé autêntica e plena, ou já tinha se desabrochado. Jesus não teria se comprometido com um incrédulo (João 2:24).

A Bíblia diz que foi precisamente "naquele momento" que os discípulos voltaram da sua tarefa "e ficaram surpresos ao encontrá-lo conversando com uma mulher" (João 4:27). A expressão grega é enfática, dando a entender que eles tinham voltado bem na hora que ele estava se declarando como Messias. Eles estavam chocados e sem palavras diante dessa cena. João, que estava presente, escreveu: "Ninguém perguntou: 'Que queres saber?' ou: 'Por que estás conversando com ela?'" (v. 27).

Uma transformação maravilhosa

Logo depois que os discípulos chegaram, a mulher saiu do poço, deixando seu vaso de água. Não foi a distração que a fez deixá-lo lá; ela tinha toda a intenção de voltar. Seu plano era trazer os homens principais da cidade e apresentá-los a Cristo. Ela tinha recebido um conhecimento incrível sobre o qual não se poderia guardar segredo.

Sua reação foi típica de novos cristãos, uma das provas da sua fé autêntica. A pessoa que acaba de se livrar do peso do pecado e da culpa sempre quer transmitir as boas novas para as pessoas. O entusiasmo da mulher era palpável, e observe que a primeira coisa que ela disse aos homens da sua cidade é que ele, Jesus, verbalizou todas as coisas que ela tinha feito. Ela não estava mais escondendo o seu pecado. Ela estava se deliciando com o brilho do perdão, e não havia vergonha nisso.

Seu entusiasmo e determinação eram, aparentemente, irresistíveis, porque os homens da cidade voltaram com ela ao poço onde todos eles encontraram a Jesus.

O impacto imediato do testemunho dessa mulher sobre a cidade de Sicar foi profundo. João escreveu: "Muitos samaritanos daquela cidade creram nele *por causa do seguinte testemunho dado pela mulher*: 'Ele me disse tudo o que tenho feito'" (v. 39, destaque nosso).

Que contraste isso tem com a recepção que Jesus teve por parte dos escribas e fariseus, em Jerusalém! Lucas escreveu: "Mas os fariseus e os mestres da lei o *criticavam*: 'Este homem recebe pecadores e come com eles'" (Lucas 15:2, destaque nosso). Os líderes religiosos ficaram revoltados com ele porque ele estava disposto a conversar com pessoas desonestas e malandras como essa mulher. Zombavam dele abertamente, dizendo: "Aí está um comilão e beberrão, amigo de publicanos e 'pecadores'"! (Mateus 11:19). Eles se ofenderam, por exemplo, quando Jesus foi à casa de Zaqueu: "Todo o povo viu isso e começou a se queixar: 'Ele se hospedou na casa de um 'pecador'" (Lucas 19:7).

Entretanto, os samaritanos não tinham os falsos escrúpulos da hipocrisia religiosa. Os homens importantes dessa vila samaritana eram, em vários sentidos, o extremo oposto dos líderes religiosos, em Jerusalém. Com certeza, os líderes judeus tinham a certeza de que, quando o Messias viesse, ele os defenderia. Ele baniria os romanos e estabeleceria seu reino sobre todo o mundo, com Israel no centro. Ele triunfaria sobre todos os inimigos de Israel, inclusive os samaritanos, e governaria e reinaria por meio das mesmas estruturas políticas e religiosas que representavam. Suas expectativas messiânicas eram altas exatamente por isso, e seu desprezo por Cristo era visível pelo *mesmo* motivo. Ele não se enquadrava em nenhuma das suas noções preconcebidas do que o Messias deveria ser. Ele repreendeu os líderes religiosos enquanto interagia abertamente com publicanos e pecadores. Os líderes judaicos o odiavam por isso.

Os samaritanos tinham a perspectiva oposta. Eles sabiam que o Messias foi prometido. Apesar de os livros de Moisés serem a única parte do Antigo Testamento na qual eles acreditavam, as promessas messiânicas estavam presentes neles. Como Jesus disse aos fariseus: "Se vocês cressem em Moisés, creriam em mim, pois ele escreveu a meu respeito" (João 5:46). Em Deuteronômio 18:18, por exemplo, Deus prometeu que um grande Profeta — um porta-voz nacional da magnitude de Moisés, ou maior ainda: "Levantarei do meio dos seus irmãos um profeta como você; porei minhas palavras na sua boca". O Pentateuco também incluía todas as profecias conhecidas sobre a Semente da mulher que esmagaria a serpente, e a Semente de Abraão, na qual todas as nações seriam abençoadas. Essa é a razão pela qual a mulher samaritana sabia que o Messias estava chegando.

No entanto, a sociedade samaritana tinha se deteriorado e pervertido por anos de religião falsa e de imoralidade. Os samaritanos tinham um sentimento definido de que eles eram pecadores. Eles não tinham o orgulho de justiça própria que influenciava a religião dos fariseus e saduceus. Quando refletiam sobre o Messias vindouro, eles, provavelmente, aguardavam sua vinda com certo medo.

Portanto, quando essa mulher anunciou com tanta coragem que ela tinha encontrado o Messias e que ele sabia tudo sobre seu pecado, mas a acolheu do mesmo modo, os homens de Sicar receberam Jesus com grande entusiasmo.

> Assim, quando se aproximaram dele, os samaritanos insistiram em que ficasse com eles, e ele ficou dois dias. E por causa da sua palavra, muitos outros creram. E disseram à mulher: "Agora cremos não somente por causa do que você disse, pois nós mesmos o ouvimos e sabemos que este é realmente o Salvador do mundo." (João 4:40-42)

Esse foi um avivamento incrível e deve ter transformado aquela cidadezinha. Jesus tinha, de fato, encontrado uma adoradora verdadeira. As Escrituras não contam o que acabou acontecendo com a mulher samaritana. O *coração* dela tinha sido claramente transformado pelo seu encontro com Cristo. Temos certeza absoluta de que a *vida* dela também mudou porque "se alguém está em Cristo, é nova criação. As coisas antigas já passaram; eis que surgiram coisas novas!" (2Coríntios 5:17).

Cerca de três anos depois do encontro de Cristo com a mulher samaritana no poço de Jacó, aconteceu a fundação da igreja. Sua influência se espalhou rapidamente de Jerusalém por toda a Judeia e Samaria, e a partir de lá até os confins da terra (Atos 1:8). Isso queria dizer que a mulher samaritana e os homens de sua cidade logo poderiam encontrar comunhão e ensino em um contexto que não era nem hebreu, nem samaritano, nem judeu, nem grego, nem de escravos, nem de livres, nem só de homens e nem só de mulheres, mas onde todos eram um em Cristo Jesus (Gálatas 3:28). Acho que é uma certeza que a vila samaritana de Sicar se tornou um centro de atividade evangélica e de testemunho. Ao sair do caminho rotineiro para se revelar para aquela vila e dar-lhes a água da vida que saciou sua sede espiritual, podemos ter certeza de que ele não os abandonou de modo algum. Essa mulher, que começou sua nova vida trazendo muitas pessoas a Cristo, sem dúvida, continuou seu ministério evangelístico. Ela continua, até hoje, evangelizando pessoas por meio do registro das Escrituras. Multidões chegaram a Cristo pela influência de João 4 e "por causa do seguinte testemunho dado pela mulher: 'Ele me disse tudo o que tenho feito'" (v. 39). Só o céu revelará os frutos vastos e abrangentes do encontro dessa mulher extraordinária com o Messias.

9

Marta e Maria
Trabalho e adoração

Maria... ficou sentada aos pés do Senhor, ouvindo-lhe a palavra. Marta, porém, estava ocupada com muito serviço.

Lucas 10:39-40

Neste capítulo, entramos em contato com duas mulheres extraordinárias: Marta e Maria. Meditaremos sobre a vida delas em conjunto porque é desse modo que as Escrituras as apresentam de forma coerente. Elas moravam com seu irmão, Lázaro, na pequena vila de Betânia. Essa vila ficava a uma curta distância de Jerusalém, somente a três quilômetros a sudeste do portão oriental do Templo (João 11:18) — um pouco depois do Monte das Oliveiras, vindo do centro da cidade de Jerusalém. Tanto Lucas quanto João registraram que Jesus foi bem recebido na casa dessa família. Ele foi até lá pelo menos em três momentos importantes nos evangelhos. Betânia era uma pousada comum para ele em suas viagens, e a casa dessa família parecia ser um local acolhedor para Jesus durante suas visitas à Judeia.

Marta e Maria formam uma dupla fascinante — bem diferente em muitos aspectos, mas semelhantes em um detalhe vital: as duas amavam a Cristo. A essa altura, você, com certeza, já está começando a perceber que essa é a característica constante de todas as mulheres que a Bíblia considera como exemplos. Todas elas apontam para Cristo. Tudo o que desperta elogios a respeito delas era, de um modo ou de outro, centralizado *nele*. Ele era o foco da esperança sincera de todas as mulheres de destaque no Antigo Testamento, e todas as principais mulheres do Novo Testamento o amavam muito. Marta e Maria de Betânia são exemplos clássicos desse cenário. Elas se tornaram amigas próximas dele durante seu ministério terreno, e ele tinha um amor profundo por sua família. O apóstolo João, que era um observador atento das coisas e das pessoas que Jesus amava, fez questão de registrar que "Jesus amava Marta, a irmã dela e Lázaro" (João 11:5).

Não se conta de que modo essa família se aproximou tanto de Jesus. Já que não se menciona nenhum laço de família entre os parentes de Jesus e o clã de Betânia, parece que Marta e Maria eram simplesmente duas dentre as muitas pessoas que ouviram Jesus ensinar no início do seu ministério e ofereceram sua hospitalidade, cultivando, assim, um relacionamento com ele. Qualquer que tenha sido o início desse relacionamento, ele se desenvolveu, obviamente, em uma comunhão profunda e amorosa. Fica claro pela descrição de Lucas que Jesus se sentia à vontade na casa deles.

O fato de que Jesus cultivava ativamente essas amizades esclarece o tipo de homem que ele era. Também ajuda a explicar como ele conseguia ter um ministério itinerante na Judeia sem nunca se tornar um mendigo sem teto, apesar de não manter uma moradia permanente em seu nome (Mateus 8:20). Aparentemente, pessoas como Marta e Maria o hospedavam em suas casas junto às suas famílias, e ele se sentia claramente em harmonia entre esses vários amigos.

Com certeza, a hospitalidade é uma característica especial dessa família. Marta, em particular, é retratada em todas as passagens como uma anfitriã que fazia questão de receber as pessoas dando atenção a cada detalhe. Até o seu nome é a forma feminina da palavra aramaica para "Senhor". Era um nome perfeito para ela, porque Marta assumia claramente a postura de dona da casa. Lucas 10:38 fala da casa da família como a casa de *Marta*. Esse fato, associado ao episódio de que seu nome era geralmente mencionado em primeiro lugar na lista de irmãos, dá a entender fortemente que ela era a irmã mais velha. Lázaro parece ser o mais novo dos três, porque foi mencionado por João em terceiro na lista dos membros da família (João

11:5), e Lázaro raramente vem para o primeiro plano em alguma narrativa — exemplo que pode ser observado na descrição de João, quando do acontecimento da ressureição de Lázaro dentre os mortos.

Alguns acreditam que a posição de Marta como dona da casa e aquela que administrava o lar indica que ela deve ter sido uma viúva. Isso certamente é possível, mas tudo o que sabemos a partir das Escrituras é que esses três irmãos moravam juntos, e não há menção de que nenhum deles tenha se casado. Nem há indício algum da idade deles, mas pelo fato de Maria ficar literalmente aos pés de Jesus a cada aparição na narrativa, seria difícil imaginá-la com a idade avançada. Além disso, os temperamentos extremamente diferentes de Marta e Maria não parecem ter sido suavizados pela idade. Tenho a impressão de que todos os três eram bem jovens e inexperientes. De fato, quanto à sua interação com Cristo, ele sempre os tratava como um irmão mais velho, e muitos princípios que ele os ensinava eram lições profundamente práticas para jovens que estão amadurecendo. Algumas dessas lições se revestem de uma importância singular no episódio que vamos estudar em seguida.

Três relatos de Marta e Maria juntas

As Escrituras nos trazem três relatos importantes sobre a interação de Jesus com essa família. Primeiramente, a passagem de Lucas 10:38-42 descreve um pequeno conflito entre as irmãs sobre como demonstrar melhor sua devoção a Cristo. É nesse lugar que encontramos inicialmente Marta e Maria no Novo Testamento. O modo pelo qual Lucas descreveu seus temperamentos conflitantes foi perfeitamente coerente com tudo o que vemos nos dois incidentes posteriores registrados por João, conforme voltaremos a destacar, principalmente, o final de Lucas 10, neste capítulo, porque esta é a passagem onde as personalidades diferentes das duas são vistas de forma mais clara.

Um segundo olhar próximo da vida dessas duas mulheres aparece em João, no capítulo 11. Praticamente todo o capítulo é dedicado a uma descrição sobre como o irmão delas, Lázaro, morreu e foi ressuscitado por Cristo. O tratamento pessoal de Jesus dispensado à Marta e Maria nessa cena destacou suas características individuais. Apesar de não termos espaço suficiente para estudar completamente o acontecimento, voltaremos brevemente para observar o modo pelo qual a morte e a ressurreição posterior de Lázaro afetaram as duas profundamente, mas de modos diferentes, de acordo com suas personalidades distintas. João trouxe muitas descrições detalhadas e claras sobre o quanto as irmãs sofreram com a perda do irmão, o modo pelo qual Jesus ministrou na vida delas em meio ao sofrimento, o modo como lamentou com elas de uma maneira profunda e pessoal, e como ele, de forma gloriosa, ressuscitou Lázaro dentre os mortos no ponto mais alto do enterro dele. Mais do que qualquer outro gesto de Jesus, esse milagre dramático e extremamente público foi o que finalmente selou a decisão dos líderes judeus de condená-lo à morte, porque eles sabiam que, se ele podia ressuscitar os mortos, as pessoas o seguiriam, e os líderes perderiam a base do seu poder (João 11:45-57). Eles se recusaram obstinadamente a considerar que o seu poder para vivificar era prova de que ele era exatamente o que dizia ser: o Filho de Deus.

Marta e Maria pareciam entender que Jesus tinha se arriscado para devolver a elas a vida de seu irmão. Na verdade, toda a profundidade da gratidão e do entendimento de Maria foram revelados em um terceiro relato final, em que as duas mulheres aparecem mais uma vez juntas. Está registrado em João 12, com relatos paralelos em Mateus 26:6-13 e João 14:3-9, o modo como Maria ungiu os pés de Jesus com unguento caro e os secou com o cabelo. Apesar de Mateus e Lucas descreverem o acontecimento, nenhum deles mencionou o nome de Maria nesse contexto, mas, mesmo assim, ficou claro que eles estavam descrevendo o mesmo incidente sobre o qual lemos em João 12. Tanto Mateus 26:12 quanto João 12:7 indicaram que Maria, de algum modo, entendia que estava ungindo Jesus para o seu enterro. Ela deve ter sentido uma impressão forte de que a ressurreição de seu irmão levaria os inimigos de Jesus a um ódio extremo, e eles se empenhariam em entregá-lo à morte (João 11:53-54). O próprio Jesus tinha ido à segurança relativa de Efraim depois da ressurreição de Lázaro, mas a Páscoa o trouxe de volta a Jerusalém (v. 55-56). Maria e, provavelmente, Marta também, parecia entender, com profunda clareza, diferenciando-se dos outros, o quanto essa ameaça era iminente para Jesus. Isso, com certeza, aumentava o senso de dívida e gratidão dirigido a ele, refletido no gesto de adoração de Maria.

MARIA, A VERDADEIRA ADORADORA

De acordo com Mateus e Marcos, o gesto de Maria, de ungir os pés de Jesus, aconteceu na casa de "Simão, o leproso". Com certeza, uma pessoa com um caso ativo de lepra não poderia participar de uma reunião como essa, muito menos receber convidados em sua própria casa. Os leprosos eram considerados cerimonialmente imundos, portanto, eram banidos das áreas habitadas (Levítico 13:45-46); logo, o apelido de Simão faz referência ao fato de ele ter sido um leproso, já que as Escrituras dizem que Jesus curava todos que vinham a ele (Lucas 6:19), Simão era, provavelmente, alguém que Jesus tinha curado da lepra. Aliás, esse é exatamente o incidente descrito em Lucas 5:12-15.

Simão também deve ter sido um homem próspero. Com todos os discípulos presentes, esse tinha sido um jantar festivo considerável. Ele também deve ter sido um homem solteiro, porque Marta parece estar organizando essa festa. Algumas pessoas têm sugerido que ela tenha ganhado a vida como organizadora de festas. Mais provavelmente, Simão era um amigo próximo da família, e ela se ofereceu para fazer as honras da casa. Lázaro também estava lá (João 12:2). Parece que a reunião era de um grupo íntimo de amigos e discípulos de Jesus. Quem sabe tenha sido uma celebração formal da ressurreição de Lázaro. Se esse for o caso, esse grupo de amigos tinha se reunido, principalmente, para expressar gratidão a Jesus pelo que ele fez.

Maria sabia exatamente como demonstrar sua gratidão da melhor maneira. Seu gesto de ungir Jesus era muito parecido com um relato anterior, mais para o início do seu ministério (Lucas 7:36-50). Em outra reunião, na casa de outro homem, um fariseu que, por coincidência, também se chamava Simão, uma mulher "que era pecadora" — aparentemente uma prostituta arrependida (v. 39) — certa vez ungiu os pés de Jesus e os secou com os cabelos, exatamente como Maria fez no relato de João 12. Bem provavelmente, Marta e Maria sabiam muito bem o que aconteceu anteriormente. Elas tinham conhecimento da lição que Jesus ensinou naquela ocasião: "Os muitos pecados dela lhe foram perdoados, pelo que ela amou muito" (João 12:4-6).

Portanto, a vida dessas duas mulheres, sem saber, se cruzaram duas vezes com o plano sinistro de matar Jesus. A ressurreição do seu irmão, em primeiro lugar, motivou o plano entre os líderes judaicos que finalmente terminou com a morte de Jesus. Depois, a expressão generosa de gratidão a Jesus da parte de Maria finalmente tirou Judas do sério.

Marta, a serva dedicada

Deixando de falar desse episódio sem muita vontade, nosso foco principal neste capítulo é o incidente famoso descrito no final de Lucas 10, em que Jesus deu em Marta uma leve repreensão e uma lição forte sobre onde devem estar as nossas prioridades verdadeiras. A passagem é curta, porém rica.

> Caminhando Jesus e os seus discípulos, chegaram a um povoado, onde certa mulher chamada Marta o recebeu em sua casa. Maria, sua irmã, ficou sentada aos pés do Senhor, ouvindo-lhe a palavra. Marta, porém, estava ocupada com muito serviço. E, aproximando-se dele, perguntou: "Senhor, não te importas que minha irmã tenha me deixado sozinha com o serviço? Dize-lhe que me ajude!"
>
> Respondeu o Senhor: "Marta! Marta! Você está preocupada e inquieta com muitas coisas; todavia apenas uma é necessária. Maria escolheu a boa parte, e esta não lhe será tirada." (10:38-42)

Marta parecia ser a irmã mais velha. A descrição que Lucas faz do seu comportamento é uma das coisas que apoiam a ideia de que esses três irmãos ainda eram jovens. A reclamação de Marta parece imatura, infantil. A resposta de Jesus, mesmo em se tratando de uma repreensão suave, tem um tom quase de avô.

Jesus tinha, aparentemente, vindo a convite de Marta. Foi ela quem o recebeu, dando a entender que ela era a mestre de cerimônias nessa casa. Nessa ocasião, pelo menos, ela não estava servindo somente de anfitriã substituta para um amigo. Ela estava claramente à frente da casa.

Em Lucas 7:36-50, quando Jesus visitou a casa de Simão, o fariseu, onde a primeira unção dos seus pés aconteceu, ele estava claramente sendo avaliado pelos seus críticos. A recepção foi notoriamente fraca naquela ocasião e Simão não lhe ofereceu água para lavar os pés, nem lhe deu uma saudação adequada (Lucas 7:44-46) — duas desfeitas terríveis naquela cultura. O lavar dos pés de um convidado era equivalente a se oferecer a tirar o casaco de uma visita (João 13:1-7). Deixar de fazer isso era equivalente a dizer que você queria que o convidado fosse embora imediatamente, e omitir a saudação formal era o mesmo que declarar que essa pessoa é sua inimiga (2João 10-11).

Marta, com grande mérito, estava no extremo totalmente oposto à falta de hospitalidade de Simão, o fariseu. Ela fez muita questão dos seus deveres de anfitriã. Queria que tudo desse certo. Era alguém que recebia os convidados de um modo consciente e atencioso, e essas eram características admiráveis. Boa parte do seu comportamento era louvável.

Gosto muito do modo como Jesus aparece nessa cena. Ele era o perfeito convidado. Logo se sentiu à vontade e desfrutou da companhia e da conversa. Como sempre, suas falas eram esclarecedoras e inspiradoras. Sem dúvida, os seus discípulos lhe faziam perguntas, e ele estava dando respostas que instigavam o pensamento, cheias de autoridade e completamente edificantes. O instinto de Maria foi sentar a seus pés e escutar. Marta, sempre exigente, voltou rapidamente ao trabalho, a fim de cuidar de seus preparativos.

O CONFLITO ENTRE AS DUAS

No entanto, logo em seguida, Marta ficou irritada com Maria. É fácil imaginar como sua indignação pode ter aumentado. A princípio, quem sabe ela tenha tentado sugerir sutilmente que ela precisava de ajuda, fazendo algum barulho a mais — talvez mexendo em alguns vasos ou panelas com um pouco mais de força do que a situação realmente exigia, e depois deixando alguns utensílios ou panelas caírem juntos em uma pia, fazendo barulho. Marta pode ter limpado a garganta ou dado alguns suspiros altos o suficiente para serem ouvidos na sala ao lado. Tudo isso para lembrar Maria de que ela estava esperando receber alguma ajuda. No momento em que tudo isso falhou, pode ser que ela tenha tentado dar uma olhada pelos cantos da casa ou andar rápido para a sala de jantar, esperando chamar a atenção de Maria. Por fim, no entanto, ela desistiu completamente de fingir e de ser sutil ou educada e apresentou sua queixa contra Maria diante de Jesus. Na verdade, ela lhe dirigiu uma reclamação e pediu que ele interviesse e corrigisse a irmã.

A resposta de Jesus deve ter assustado Marta. Não lhe deve ter ocorrido a ideia de que ela é que poderia estar errada, mas a pequena cena lhe rendeu a mais gentil das advertências de Jesus. O relato de Lucas termina nesse momento, de modo que nos parece seguro concluir que a mensagem penetrou profundamente no coração de Marta e teve exatamente o efeito santificador que as palavras de Cristo sempre tiveram sobre as pessoas que o amam.

De fato, no incidente posterior, registrado em João 12, em que Maria ungiu os pés de Jesus, vê-se Marta novamente no papel de servidora, mas, dessa vez, foi Judas quem reclamou (João 12:4-5). Ele, aparentemente, fez o máximo para arquitetar um protesto geral contra a extravagância de Maria e conseguiu provocar algumas manifestações de indignação de alguns dos outros discípulos (Mateus 26:8), mas Marta dessa vez parece sabiamente ter mantido a calma. Ela não parecia mais estar sentida com a devoção de Maria a Cristo. Acho que a própria Marta amava a Cristo do mesmo modo que Maria. Ele amava as duas claramente com um afeto profundo (João 11:5).

Algumas lições importantes surgem da repreensão que Jesus deu a Marta. Faríamos todos muito bem em dar ouvido a essas advertências.

Uma lição sobre preferir o próximo a si mesmo

A exortação gentil de Jesus a Marta é, em primeiro lugar, uma recordação de que devemos honrar o próximo acima de nós mesmos. As Escrituras, em outras passagens, dizem: "Dediquem-se uns aos outros com amor fraternal. Prefiram dar honra aos outros mais do que a si próprios" (Romanos 12:10). "Sejam todos humildes uns para com os outros, porque 'Deus se opõe aos orgulhosos, mas concede graça aos humildes'" (1Pedro 5:5). "Nada façam por ambição egoísta ou por vaidade, mas humildemente considerem os outros superiores a si mesmos. Cada um cuide, não somente dos seus interesses, mas também dos interesses dos outros" (Filipenses 2:3-4).

A humildade foi um tema constante no ensino de Jesus e uma lição difícil para a maioria dos seus discípulos. Mesmo na noite da traição de Jesus, todos eles negligenciaram a hospitalidade básica, em vez de assumir o papel de servo e lavar os pés dos outros (João 13:1-7).

No relato de Lucas 10, o comportamento externo de Marta parecia, primeiramente, consistir em um serviço verdadeiro. Era ela que tinha colocado o avental e que tinha ido trabalhar na tarefa de servir os outros, mas o tratamento que ela dispensou a Maria logo revelou uma falha séria no seu coração de serva. Ela desenvolveu uma atitude crítica e irônica. Essas palavras diante de outros convidados, com certeza, tinham o propósito de humilhar Maria. Ou Marta não refletiu sobre o efeito de suas palavras a respeito de sua irmã, ou simplesmente nem se importou com isso.

Além disso, Marta estava errada em sua avaliação com relação à Maria. Ela achava que Maria estava sendo preguiçosa. "Quem é você para julgar o servo alheio? É para o seu senhor que ele está de pé ou cai" (Romanos 14:4). Será que Marta imaginava que ela, em vez de Cristo, era a verdadeira mestra de Maria?

Na verdade, Maria era aquela cujo coração estava no lugar certo. Sua motivação e seu desejo eram mais louváveis do que os de Marta. Jesus sabia disso, ainda que nenhum simples mortal pudesse ter feito essa avaliação observando o comportamento externo das duas mulheres. Entretanto, Jesus sabia disso porque ele conhecia o coração das suas servas.

O comportamento de Marta mostra a forma sutil e pecaminosa pela qual o orgulho humano pode corromper até o melhor dos nossos gestos. O que Marta estava fazendo não era mesmo nada de mal. Ela estava servindo a Cristo e a seus outros convidados. Em um sentido muito prático e funcional, Marta estava agindo como serva de todos, justamente da maneira que Cristo ordenava de modo tão frequente. Ela, sem dúvida, começou com a melhor das intenções e a mais nobre das motivações.

Contudo, no momento em que ela parou de escutar a Cristo e fez de outra coisa que não ele o foco de seu coração e da sua atenção, sua perspectiva passou a ser muito egocêntrica. A essa altura, até seu serviço a Cristo tinha sido colocado em risco pelo egocentrismo e inutilizado pela incapacidade bem pouco simpática de pensar sobre sua irmã da melhor maneira. Marta estava demonstrando uma atitude de orgulho pecaminoso, que também a deixou vulnerável a vários outros tipos de mal: a ira, o ressentimento, o ciúme, a desconfiança, um espírito crítico, o julgamento exagerado e a indelicadeza. Tudo isso brotou em Marta em uma questão de minutos.

O pior de tudo é que as palavras de Marta impugnaram ao próprio Senhor: "Senhor, não te importas [...]? (Lucas 10:40). Será que ela realmente imaginava que ele não se importava? Com certeza, ela já devia saber disso. O amor de Jesus por todos os três membros dessa família era óbvio para todos (João 11:5), mas ela passou a concentrar demais os seus pensamentos e sentimentos em si mesma. Por causa disso, ela também caiu em uma armadilha religiosa bem comum descrita por Paulo em sua carta aos coríntios: "Quando eles se medem e se comparam consigo mesmos, agem sem entendimento" (2Coríntios 10:12). Ela desviou sua atenção de Cristo e começou a observar Maria com um olhar crítico. Naturalmente, isso começou a arruinar toda a noite de Marta.

Maria, pelo contrário, estava tão envolvida com os pensamentos de Cristo que estava completamente alheia a tudo o mais. Sentou-se aos seus pés e o escutou com atenção, absorvendo cada palavra, cada detalhe. Não estava sendo preguiçosa em nenhum sentido. Simplesmente entendeu a importância *verdadeira* desse momento. O Filho de Deus aceitou o convite de vir à sua casa pessoalmente. Ouvi-lo e adorá-lo era o melhor uso das energias de Maria e o lugar certo para que ela dirigisse sua atenção.

Uma coisa que se destacou sobre Maria de Betânia foi sua capacidade aguçada de observar e entender o coração de Cristo. O temperamento de Maria parecia ser naturalmente mais contemplativo do que o de Marta. Em Lucas 10, ela queria escutar Jesus com atenção, enquanto Marta se apressava, providenciando os preparativos para servir a refeição. Em João 11, quando Jesus chegou, depois que Lázaro já tinha morrido, Marta saiu correndo de casa ao seu encontro, mas Maria permaneceu em casa, envolvida no luto (João 11:20). Ela estava concentrada, como sempre, em pensamentos profundos. As pessoas que são como Maria, não são dadas a impulsos precipitados ou a atividades superficiais. Além disso, ao mesmo tempo que

Jesus teve de *arrancar* uma confissão de fé de Marta (vv. 23-27) — ainda que ela tenha sido bem instável (v. 39) — Maria simplesmente caiu a seus pés em adoração (v. 32).

Maria parecia ser capaz de discernir o sentido verdadeiro do que Jesus queria dizer de uma forma melhor do que todos os doze discípulos. Seu gesto de ungi-lo em preparação do seu sepultamento, no início daquela última semana em Jerusalém, demonstra um entendimento extremamente maduro. Isso foi fruto de sua disposição para ficar sentada bem quieta, de ouvir e refletir. Isso foi exatamente o que sempre diferenciou bastante Maria de Marta, cujo primeiro impulso sempre era agir — ou reagir. Marta tinha muito em comum com Pedro nesse aspecto.

Se Marta tivesse realmente pensado mais em Maria do que em si mesma, ela poderia ter percebido em Maria uma profundidade de entendimento e um amor a Cristo que até ultrapassava ao seu. Poderia ter aprendido bastante com sua irmã mais quieta e pensativa, *mas isso não aconteceu naquele momento*. Marta tinha de arrumar a mesa, tirar a refeição do forno e "muitas coisas" com as quais ela estava "preocupada e inquieta" (Lucas 10:41). Sem perceber, seu ressentimento contra Maria tinha aumentado, e ela não conseguia mais se segurar. Sua crítica pública de Maria era uma expressão horrível de orgulho.

Uma lição sobre preferir a adoração ao serviço

É interessante ler essa narrativa e tentar imaginar qual seria a reação normal de uma mulher se fosse colocada em uma situação como a de Marta. Minha forte suspeita é de que muitas mulheres teriam a tendência de se identificar com Marta, não com Maria. Afinal de contas, seria normal considerar falta de respeito a atitude de deixar a irmã fazer todo o trabalho pesado na cozinha, enquanto se senta conversando com os convidados.

Portanto, em um sentido real, os sentimentos de Marta eram naturais e um tanto compreensíveis. Essa deve ter sido a razão pela qual a repreensão de Jesus foi tão branda. Em circunstâncias normais, qualquer irmã mais velha pensaria que seria a obrigação da mais nova ajudar a servir a refeição para os convidados. Em outras palavras, o que Marta esperava que Maria fizesse era, em si mesmo, perfeitamente bom.

Ainda assim, o que Maria estava fazendo era ainda melhor. Ela tinha escolhido "a boa parte" (Lucas 10:42). Tinha descoberto algo realmente necessário: a adoração e a devoção verdadeiras do coração e a atenção total a Cristo. Essa foi uma prioridade mais alta do que seu próprio serviço, e a boa parte que ela tinha escolhido não seria tirada dela, mesmo às custas de algo tão gracioso e benéfico, como ajudar Marta a preparar uma refeição para Jesus. O coração humilde e obediente de Maria era um presente bem maior para Cristo do que a mesa bem arrumada de Marta.

Isso define a adoração como a mais alta das prioridades para todo cristão. Nada, incluindo até mesmo o serviço prestado a Cristo, é mais importante do que ouvi-lo e honrá-lo com o nosso coração. Lembre-se do que Jesus disse à mulher samaritana em frente ao poço: Deus está procurando por adoradores verdadeiros (João 4:23). Cristo tinha achado em Maria um deles. Ele não confirmou a repreensão de Marta, porque foi Maria, e não Marta, que tinha entendido de forma adequada que a adoração era um dever mais sublime a Cristo do que o serviço prestado a seu favor.

É um perigo, até para as pessoas que amam a Cristo, que nos tornemos tão preocupados em *fazer coisas para ele* que comecemos a deixar de lado a atitude de *dar-lhe ouvidos* e *lembrar do que ele fez por nós*. Nunca podemos deixar que o nosso serviço a Cristo desincentive nossa adoração a ele. Nós invertemos as prioridades espirituais verdadeiras quando nossas obras se tornam mais importantes para nós do que nossa adoração.

Na verdade, essa tendência é justamente a característica tão venenosa de todas as formas de pietismo e de liberalismo teológico. Sempre que se coloca as boas obras acima da doutrina sadia e da adoração verdadeira, também se estraga a qualidade das obras. Fazer das boas obras um fim em si mesmo tem uma tendência de exaltar o ego e depreciar a obra de Cristo. As boas obras, a caridade humana e os gestos de bondade são expressões fundamentais da fé verdadeira, mas elas devem fluir de uma confiança verdadeira na redenção e na justiça *de Deus*. Afinal de contas, as boas obras que praticamos nunca podem ser um meio para alcançar o favor de Deus. É por essa razão que, nas Escrituras, o foco da fé está sempre no que Deus fez por nós, e nunca no que nós fazemos por ele (Romanos 10:2-4). Observe qualquer tipo de religião em que as boas obras são classificadas como mais importantes do que a doutrina sadia, e você descobrirá um sistema que denigre a Cristo ao mesmo tempo que exalta o ego de forma indevida.

Isso não quer dizer que Marta possa ser acusada de uma presunção grosseira. Não devemos fazer uma avaliação mais dura do que a de Jesus. Ela amava ao Senhor. Sua fé era verdadeira, mas, ao negligenciar a parte necessária e simplesmente se colocar no ativismo, ela se desequilibrou espiritualmente. Seu comportamento nos recorda que o espírito prejudicial de justiça própria pode se infiltrar e contaminar até o coração daqueles que abraçaram sinceramente a Cristo como sua justiça verdadeira. A dureza de Marta com relação à Maria expôs exatamente esse tipo de desequilíbrio em seu coração.

As palavras gentis de correção da parte de Jesus à Marta, bem como seu elogio com relação a Maria, estabelecem mais uma vez a ordem correta das prioridades. A adoração, que é simbolizada nessa passagem como ouvir com atenção os ensinos de Jesus, é o que há de mais necessário. O serviço a Cristo deve sempre estar subordinado a essa premissa.

Uma lição sobre colocar a fé acima das boas obras

Um terceiro princípio espiritual básico segue junto com a prioridade da adoração sobre o serviço e está tão intimamente relacionado a ele que os dois na verdade se sobrepõem. Esse terceiro princípio é a verdade, que se ensina do início ao fim das Escrituras, que o que *cremos* é, no final das contas, mais importante do que o que *fazemos*.

O "muito serviço" de Marta era uma distração (Lucas 10:40) da "boa parte" (v. 42) que era realmente necessária — ouvir e aprender de Jesus. As obras religiosas geralmente têm a tendência sinistra de colocar a fé em segundo plano. As boas obras adequadas sempre fluem da fé e são fruto dela. O que fazemos é fundamental, porque é a prova de que a nossa fé é viva e real (Tiago 2:14-26), mas a fé precisa vir primeiro e é a única base viável para as boas obras verdadeiras e duradouras. Tudo isso se resume no princípio pelo qual as obras não são o instrumento da justificação, mas sim a fé (Romanos 4:4-5).

Marta parece ter se esquecido dessas coisas por um momento. Ela estava agindo como se Cristo precisasse do seu trabalho para ele mais do que ela necessitava da obra dele em seu favor. Em vez de firmar humildemente sua fé na importância vital da obra de Cristo pelos pecadores, ela estava pensando demais em termos do que ela poderia fazer por ele.

Reitero que esse parece ser o desvio natural do coração humano. Imaginamos equivocadamente que o que fazemos para Cristo é mais importante do que aquilo que ele fez por nós. Toda decadência marcante na história do cristianismo aconteceu quando a igreja perdeu de vista a primazia da fé e, em vez disso, começou a destacar as obras. Praticamente todos os desvios doutrinários por toda a história da igreja teve essa mesma tendência como base — começando com o erro dos judaizantes, que insistiam que o ritual do Antigo Testamento (a circuncisão) era essencial para a justificação. Eles negavam que somente a fé poderia ser instrumental na justificação, e isso abalou a verdadeira base do evangelho.

O instinto humano parece nos dizer que o que *fazemos* é mais importante do que o que nós *cremos*, mas esse instinto é falso, fruto de nossa presunção decaída. É uma maneira totalmente errada de pensar — *pecaminosamente* errada. Não podemos nunca dar mais valor às nossas obras para Cristo do que às obras dele em nosso favor.

Com certeza, um pensamento como esse nunca ocorreria de forma consciente na mente de Marta. Ela amava a Cristo. Ela verdadeiramente confiava nele, ainda que sua fé tivesse momentos de fraqueza. Porém, mesmo assim, nessa ocasião, ela permitiu que sua ansiedade sobre o que ela poderia fazer por Cristo superasse sua gratidão sobre o que ele poderia fazer por ela.

Fico muito agradecido de que a repreensão que Cristo deu a Marta tenha sido gentil. Tenho de confessar que é muito fácil para mim me identificar com ela. Amo o privilégio de servir ao Senhor, e ele me abençoou com mais do que o suficiente para me manter ocupado. Às vezes, é tentador me envolver na atividade do ministério e me esquecer que a fé e a adoração precisam ter sempre a prioridade sobre o trabalho. Nesses momentos frenéticos, todos nós precisamos cultivar mais o espírito adorador e atento de Maria e menos a agitação confusa de Marta.

Marta e Maria nos fazem lembrar que Deus usa todos os tipos de pessoas. Ele nos deu dons diferentes por algum motivo em especial, e não devemos desprezar uns aos outros, nem olhar os outros com descaso simplesmente porque temos temperamentos diferentes ou personalidades opostas.

Marta foi uma nobre mulher de Deus, que carregava um coração de serva e uma capacidade rara para o trabalho. Maria foi mais nobre ainda, com uma disposição incomum para a adoração e para a sabedoria. As duas foram notáveis à sua maneira. Se levarmos em conta seus dons e seus instintos em conjunto, eles nos dão um exemplo maravilhoso a seguir. Que possamos cultivar com dedicação os melhores instintos dessas duas mulheres extraordinárias!

10

Maria Madalena

Liberta das trevas

Quando Jesus ressuscitou, na madrugada do primeiro dia da semana, apareceu primeiramente a Maria Madalena, de quem havia expulsado sete demônios.

Marcos 16:9

Maria Madalena é um dos nomes mais conhecidos e menos entendidos da Bíblia. As Escrituras colocam de propósito uma cortina de silêncio sobre boa parte da vida e do perfil pessoal dela, mas Maria Madalena ainda desponta como uma das mulheres mais importantes do Novo Testamento. Ela é mencionada pelo nome em todos os quatro evangelhos, na maioria das vezes associada aos acontecimentos relacionados à crucificação de Jesus. Ela tem o privilégio eterno de ser a primeira pessoa a qual Cristo se revelou depois da ressurreição.

A tradição da época dos pais da igreja apresenta Maria Madalena como a mulher anônima (identificada somente como "pecadora") em Lucas 7:37-38, que ungiu os pés de Jesus e secou com seus cabelos, mas não existe absolutamente nenhuma razão para fazer essa associação. De fato, se lermos o texto das Escrituras de forma literal, temos todas as razões para pensar de outro modo. Já que Lucas apresenta Maria Madalena pela primeira vez em um contexto completamente diferente (8:1-3), somente três versículos depois de terminar sua narrativa sobre a unção dos pés de Jesus, parece muito improvável que Maria Madalena pudesse ser a mesma mulher que Lucas tinha descrito e deixado de mencionar o nome no relato anterior. Lucas era um historiador muito cuidadoso para negligenciar um detalhe vital como esse.

Alguns dos primeiros comentaristas especularam que Maria Madalena era a mulher descrita em João 8:1-12, apanhada no ato de adultério e preservada do apedrejamento por Cristo, que a perdoou e a redimiu. Também não há base para essa associação.

Maria Madalena também tem sido o tema de muitas mitologias extra-bíblicas desde os tempos medievais. Durante a Idade Média, algumas heresias gnósticas praticamente adotaram Maria Madalena como personagem, e associaram seu nome com uma infinidade de lendas extravagantes. Alguns livros apócrifos foram escritos sobre ela, inclusive um que alegava ser o relato de Maria Madalena sobre a vida de Cristo, o evangelho de Maria. Outro livro apócrifo, o gnóstico evangelho de Filipe, a retratava como rival de Pedro.

Nos últimos anos, algumas lendas como essa têm ressurgido, e muitas histórias apócrifas que tinham sido desacreditadas há muito tempo foram relançadas. Ela se tornou uma espécie de ícone da ala "espiritual" do movimento feminista que gosta da ideia de Maria Madalena como um tipo de modelo de deusa mitológica. Muitas lendas antigas gnósticas sobre ela servem muito bem para esse propósito. Em outra onda, um livro dentre os mais vendidos, *O Código Da Vinci*, de Dan Brown, adaptou várias lendas gnósticas esquecidas há muito tempo sobre Maria Madalena e as emendou em uma teoria da conspiração elaborada que incluía a sugestão blasfema de que Jesus e Maria Madalena teriam se casado secretamente e tido filhos. De acordo com essa visão, era ela, e não o apóstolo João, o "discípulo" a quem Jesus amava (João 20:2 e 21:20). Pilhas de livros, variando das especulações completamente levianas à obras praticamente acadêmicas, relembraram muitas outras invenções gnósticas específicas sobre Maria Madalena. Alguns documentários altamente sensacionalistas reforçaram ainda mais a popularidade dos mitos que ressurgiram.

Portanto, embora se fale atualmente sobre Maria Madalena mais do que nunca, boa parte da discussão não passa de propaganda ou de falas exageradas com base em seitas antigas. Tudo o que as Escrituras realmente dizem sobre ela é extraordinariamente suficiente sem nenhum enfeite falso. Não deixemos que essa mulher verdadeiramente notável se perca na fumaça das fantasias místicas e diabólicas dos hereges antigos.

Escuridão

Maria Madalena realmente teve um passado sombrio. Nada indica que sua conduta tenha sido obscena ou sórdida de alguma maneira que justificaria a associação comum do seu nome com os pecados da imoralidade, mas Maria, de fato, era uma mulher que Jesus tinha libertado da escravidão demoníaca. Lucas a apresentou como "Maria, chamada Madalena, de quem haviam saído sete demônios" (Lucas 8:2). A passagem de Marcos 16:9 também mencionou os sete demônios. Esse é o único detalhe que recebemos sobre o passado de Maria Madalena, exceto por uma pista que recebemos a partir de seu sobrenome.

Na verdade, "Madalena" não é um sobrenome no sentido moderno do termo. Ela não era de uma família que tinha esse sobrenome, mas da vila de Magadã. Ela era chamada de "Madalena" para ser diferenciada das outras mulheres com nome de Maria no Novo Testamento, inclusive de Maria de Betânia e Maria, mãe de Jesus.

A minúscula vila de pescadores de Magadã, que é mencionada somente uma vez pelas Escrituras, em Mateus 15:39, era situada na costa noroeste do mar da Galileia, entre três e cinco quilômetros ao norte da cidade romana de Tiberíades, e cerca de nove quilômetros a sudoeste de Cafarnaum. Cafarnaum, na costa norte do lago, era a cidade natal de Pedro e uma espécie de base domiciliar do ministério de Jesus na Galileia. Podia-se chegar à cidade natal de Maria andando facilmente, ou em uma viagem curta de barco na extremidade do lago. O ministério de Jesus incluía uma série de exorcismos nessa região. Ela parece ter sido um ninho de atividades demoníacas.

Os sintomas de possessão demoníaca no Novo Testamento eram variados. Os endemoninhados, às vezes, eram desequilibrados, como no caso dos dois homens endemoninhados que moravam em um cemitério e se comportavam tão violentamente que ninguém ousava se aproximar deles (Mateus 8:28-34; Marcos 5:1-5). Pelo menos um deles, como Marcos nos conta, tinha o costume horripilante de se mutilar com pedras (Marcos 5:5). Com maior frequência, a possessão demoníaca se manifestava através de enfermidades físicas, como a cegueira (Mateus 12:22), a surdez (Marcos 9:25), uma incapacidade de falar (Mateus 9:32-33), ataques e convulsões (Marcos 1:26; Lucas 9:38-40), e enfermidade em geral (Lucas 13:11-13).

Não imagine, como muitos costumam fazer, que as descrições bíblicas da possessão demoníaca sejam simplesmente adaptações grotescas à superstição humana, como se as doenças caracterizadas como possessão demoníaca na Bíblia fossem de fato manifestações de epilepsia, demência, ou outros sofrimentos puramente psicológicos e fisiológicos. As Escrituras realmente distinguem de forma clara a possessão demoníaca das doenças, inclusive da epilepsia e da paralisia (Mateus 4:24). A possessão demoníaca envolve a escravidão a um espírito maligno — uma criatura espiritual real, pessoal e decaída — que habita no indivíduo afetado. Em vários casos, as Escrituras descrevem como os espíritos malignos falam pelos lábios daqueles que atormentam (Marcos 1:23-24; Lucas 4:33-35). Às vezes, Jesus forçava a personalidade demoníaca a se revelar desse modo, quem sabe para dar uma prova clara de seu poder sobre os espíritos malignos (Marcos 5:8-14).

Em todo caso, no entanto, a possessão demoníaca é retratada como um sofrimento, não como um pecado propriamente dito. A ilegalidade, a superstição e a idolatria, sem dúvida, devem ter um papel importante para expor o coração de alguém à possessão demoníaca, mas nenhuma das pessoas endemoninhadas no Novo Testamento é explicitamente associada ao comportamento imoral. Elas sempre são retratadas como pessoas atormentadas, não como malfeitores propositais. Passaram por indignidades miseráveis nas mãos dos espíritos malignos. Elas eram todas criaturas bem tristes, dolorosas, solitárias, com problemas na alma ou lastimáveis. A maioria era considerada marginal ou pária na sociedade educada. As Escrituras invariavelmente as apresentam a nós como vítimas com a vida completamente arruinada.

Com certeza, Maria Madalena era assim. Satanás a atormentou com sete demônios. Nenhum homem ou mulher comum poderia fazer nada por ela. Ela era, na realidade, uma prisioneira de aflições demoníacas. Sem dúvida, faziam parte delas a depressão, a ansiedade, a infelicidade, a solidão, a aversão a si mesma, a vergonha, o medo e uma infinidade de tristezas semelhantes. Com toda a certeza, ela também sofria com tormentos ainda piores, como cegueira, surdez, loucura ou quaisquer outras enfermidades descritas no Novo Testamento. Qualquer que tenha sido a sua condição, ela teria passado por uma agonia perpétua — pelo menos por sete tipos de agonia. Os endemoninhados nas Escrituras nunca tinham amigos, exceto em casos raros, quando alguns familiares dedicados se importavam com eles. Eles ficavam sempre irrequietos por causa da sua incapacidade de fugir aos tormentos constantes de seus sequestradores demoníacos. Não possuíam a mínima alegria, porque tudo na vida se tornou escuridão e tristeza para eles, e estavam perdidos porque não havia remédio terreno para suas aflições espirituais.

Isso é tudo que se pode dizer com certeza sobre o passado de Maria Madalena. As Escrituras não registram os detalhes macabros de sua terrível possessão demoníaca, mas temos acesso a informações suficientes para saber que, na melhor das hipóteses, ela foi uma alma sinistra, rabugenta e atormentada, e é bem provável, especialmente com tantos demônios a afligindo, que o seu caso tenha sido ainda pior. Ela pode muito bem ter sido desequilibrada, a ponto de ser considerada pela maioria das pessoas uma lunática irrecuperável.

A libertação

Cristo a tinha libertado de tudo isso. Lucas e Marcos parecem mencionar sua possessão demoníaca anterior somente com o intuito de celebrar a bondade de Cristo e a graça demonstrada a ela. Sem revelar nenhum detalhe degradante do passado dessa mulher, eles registram a sua escravidão a demônios de modo a exaltar o poder generoso de Cristo.

Um fato interessante se destaca a respeito de todas as libertações de demônios registradas nas Escrituras: as pessoas possuídas por demônios nunca vinham a Cristo para ser libertas. Geralmente, elas eram trazidas a ele (Mateus 8:19; 9:32; 12:22; Marcos 9:20). Às vezes, ele as chamava para perto dele (Lucas 13:12) ou ia ao encontro delas (Mateus 8:28-29). Quando os demônios já se achavam presentes no momento da sua chegada, eles falavam, às vezes, com surpresa e desespero (Marcos 1:23-24; Lucas 8:28).

Os espíritos malignos nunca se apresentavam voluntariamente na presença de Cristo, nem permitiam conscientemente que as pessoas que eles possuíam se aproximassem dele. Geralmente, eles gritavam contra ele (Lucas 4:34). Às vezes, causavam convulsões violentas em um último esforço para manter as almas miseráveis que eles possuíam afastadas dele (Marcos 9:20), mas Cristo soberanamente convocou e libertou multidões que estavam possuídas por demônios (Marcos 1:34, 39). A emancipação que eles recebiam da escravidão demoníaca era sempre instantânea e completa.

Maria Madalena foi uma delas. Nada nos foi revelado sobre o método e o instante nos quais ela foi liberta, mas o fato é que Cristo a libertou, e ela verdadeiramente se fez livre. Ao ser liberta dos demônios e do pecado, ela se fez serva da justiça (Romanos 6:18). Sua vida não foi simplesmente reformada. Ela foi completamente transformada.

Em um momento do seu ministério, Jesus trouxe um exemplo bem comovente sobre a incompetência da religião que anuncia que a pessoa pode reformar a si mesma:

> Quando um espírito imundo sai de um homem, passa por lugares áridos procurando descanso, e não o encontrando, diz: 'Voltarei para a casa de onde saí'. Quando chega, encontra a casa varrida e em ordem. Então vai e traz outros sete espíritos piores do que ele, e entrando passam a viver ali. E o estado final daquele homem torna-se pior do que o primeiro. (Lucas 11:24-26)

Liberta das trevas

É interessante que Maria Madalena tenha sido possuída por sete demônios. Quem sabe ela tenha tentado reformar sua própria vida e aprendeu da pior forma como é completamente inútil se libertar das garras de Satanás. As boas obras e a religião não fazem expiação pelos pecados (Isaías 64:6), e nenhum pecador tem o poder de transformar seu próprio coração (Jeremias 13:23). Podemos efetuar mudanças cosméticas como varrer a casa e a colocar em ordem, mas isso não nos tira do domínio da escuridão para o reino da luz. Só Deus pode fazer isso (1Pedro 2:9). Somente o mesmo Deus que disse: "Das trevas resplandeça a luz" tem o poder de fazer brilhar nossos corações, para iluminação do conhecimento da glória de Deus na face de Cristo (2Coríntios 4:6). Isso é exatamente o que o Senhor fez por Maria Madalena.

Maria devia tudo a Cristo. Ela sabia disso também. O amor que ela cultivou por ele em seguida refletiu como sua gratidão era bem profunda.

Discipulado

Maria Madalena passou a fazer parte do círculo íntimo de discípulos que viajavam com Jesus em suas longas jornadas. Sua libertação dos demônios deve ter acontecido relativamente no final do ministério galileu de Cristo. Lucas é o único dos evangelistas que a menciona pelo nome em um contexto anterior à crucificação. Observe o contexto em que ela é mencionada:

> Depois disso Jesus ia passando pelas cidades e povoados proclamando as boas novas do Reino de Deus. Os Doze estavam com ele, e também algumas mulheres que haviam sido curadas de espíritos malignos e doenças: Maria, chamada Madalena, de quem haviam saído sete demônios; Joana, mulher de Cuza, administrador da casa de Herodes; Susana e muitas outras. Essas mulheres ajudavam a sustentá-los com os seus bens. (Lucas 8:1-3)

Não havia nada de mais na prática de Jesus permitir que discípulas do sexo feminino o seguissem. Podemos nos assegurar de que quaisquer que tenham sido as preparações de viagem feitas para o grupo, o nome e a honra de Jesus, bem como a reputação de todos os homens e de todas as mulheres do grupo, foram cuidadosamente preservadas de qualquer coisa que pudesse sugerir calúnia ou acusação. Afinal de contas, os inimigos de Jesus estavam procurando desesperadamente por razões para acusá-lo. Se houvesse algum meio possível de semear dúvidas sobre a legitimidade do relacionamento de Jesus com as mulheres, essa questão seria levantada. Entretanto, ainda que seus inimigos tenham mentido sobre ele ou mesmo o acusado de ser um glutão e beberrão de vinho (Mateus 11:19), nenhuma acusação foi feita contra ele com base no modo pelo qual ele tratava as mulheres em seu grupo de discípulos. Porém, Cristo encorajou homens e mulheres a tomarem sobre eles seu jugo e aprender dele. Essa também é outra prova de como as mulheres são honradas nas Escrituras.

Lucas disse que Maria Madalena e as outras mulheres estavam entre aqueles que "ajudavam a sustentá-lo com seus bens" (Lucas 8:3). Quem sabe Maria tivesse herdado recursos financeiros que ela usava para sustentar a Jesus e seus discípulos. O fato de ela ser capaz de viajar com Jesus em meio ao círculo íntimo de discípulos pode ser indício de que ela tenha sido solteira ou mesmo isenta de qualquer obrigação para com os pais ou para com os parentes próximos. Ela pode até mesmo ter sido uma viúva. O fato de que seu nome destaca-se no começo da lista desse grupo de mulheres parece indicar que ela tinha um lugar especial de respeito entre elas.

Maria Madalena perseverou como fiel discípula de Jesus mesmo quando os outros o deixaram. Na verdade, a primeira referência a ela no evangelho de Lucas aparece numa época em que a oposição a Jesus tinha crescido a ponto de ele começar a ensinar em parábolas (Mateus 11:10-11). Nos momentos em que as outras pessoas se sentiam ofendidas com suas palavras, ela permanecia ao seu lado. Ela o seguiu por todo o caminho da Galileia a Jerusalém, para aquela celebração final da Páscoa. Maria Madalena seguiu lealmente Jesus até a cruz, e até mesmo depois dela.

A tragédia

Mateus, Marcos e João registram que Maria Madalena estava presente na crucificação. Combinando os três relatos, fica bem claro que ela estava junto com Maria, a mãe de Jesus, Salomé (mãe dos apóstolos Tiago e João), e outra Maria menos conhecida (mãe do Tiago, o mais jovem, e de José).

Existe uma progressão interessante nos relatos do evangelho. João, descrevendo o estado de coisas perto do início da crucificação, disse que as mulheres estavam "perto da cruz" (João 19:25). Elas estavam perto o suficiente para ouvi-lo falar com João e Maria, quando ele colocou sua mãe aos cuidados do discípulo amado (vv. 26-27), mas Mateus e Marcos, descrevendo o final do tormento, disse que as mulheres estavam "observando de longe" (Mateus 27:55; Marcos 15:40). À medida que a crucificação prosseguia, multidões de zombadores infames se aproximaram, acotovelando as mulheres para trás. Pode ser também que elas tenham recuado instintivamente, à medida que a cena se tornava cada vez mais terrível. Era como se elas não tivessem como assistir àquilo — muito menos como deixar o local.

Elas permaneceram até o final doloroso. Não podiam fazer nada senão vigiar, orar e lamentar. Essa deve ter sido a maior tragédia possível, ter aquele a quem elas mais amavam e no qual confiavam acima de tudo arrebatado do meio delas de forma tão drástica. Ali estavam elas, em meio a uma multidão de fanáticos com sede de sangue, que estavam clamando pela morte do seu amado Senhor. No momento máximo da intensidade do furor barulhento, elas poderiam facilmente ter se tornado vítimas da multidão, mas nunca se retraíram completamente. Não saíram de cena até o triste final, e mesmo quando ele chegou, elas permaneceram próximas ao corpo de Jesus, tamanho era o magnetismo de sua lealdade e amor a Cristo.

Na verdade, foi somente graças a Maria Madalena que os discípulos ficaram sabendo o lugar para onde o corpo de Jesus tinha sido levado depois de sua morte. Marcos registra que José de Arimateia pediu o corpo de Jesus a Pilatos para providenciar um enterro digno para ele. José tinha acesso a Pilatos porque ele era um membro importante do Sinédrio, o conselho governante dos líderes judaicos (Marcos 15:43). Tratava-se do mesmo grupo que tinha conspirado para trazer Jesus a julgamento, que o tinha condenado e tinha votado para que ele fosse morto naquela mesma manhã. José, no entanto, era um discípulo secreto de Jesus (João 19:38) e "não tinha consentido na decisão e no procedimento dos outros" (Lucas 23:51). Todos os quatro evangelhos registram o gesto de José de recolher o corpo de Jesus. Marcos acrescentou que Maria Madalena e Maria, mãe de José, seguiram secretamente José de Arimateia até o sepulcro e "viram onde ele fora colocado" (Marcos 15:47).

O apóstolo João descreveu como José de Arimateia, junto com Nicodemos, que era "uma autoridade entre os judeus", de acordo com João 3:1, e, portanto, provavelmente, também tinha sido membro do Sinédrio e um discípulo secreto, tomaram "o corpo de Jesus, [...] o envolveram em faixas de linho, juntamente com as especiarias, de acordo com os costumes judaicos de sepultamento" (João 19:40). João diz que Nicodemos tinha adquirido cerca de 34 quilos de uma mistura de "mirra e aloés" (v. 39), especiarias perfumadas e resinas usadas pelos judeus em vez do embalsamamento. Os dois homens rapidamente ungiram o corpo de Jesus e o amarraram corretamente em faixas de linho (v. 40). Eles devem ter precisado se apressar para encerrar a tarefa antes de o sábado começar (v. 42).

O amor de Maria Madalena por Cristo era tão forte quanto o dos discípulos. Ela observou o lugar e a maneira pela qual ele tinha sido colocado no sepulcro. Depois de tudo o que ele tinha feito por ela, seu coração deve ter se partido ao ver esse corpo sem vida e moído tão mal preparado e colocado em um sepulcro frio. Ela estava decidida a lavar e ungir seu corpo adequadamente. Portanto, lemos em Lucas 23:55-56 que ela e a outra Maria começaram a preparação de suas próprias especiarias para o sepultamento antes de o sábado chegar. Em Marcos 16:1, esse evangelista acrescenta que elas adquiriram ainda mais especiarias logo que o sábado tinha terminado oficialmente , logo depois do pôr do sol do sábado. Cedo de manhã, elas planejaram dar-lhe um enterro digno de uma pessoa a quem amavam tão profundamente.

O AMANHECER

Maria Madalena tinha permanecido mais tempo do que todos os outros discípulos aos pés da cruz. Portanto, ela também foi a primeira a chegar ao seu sepulcro no amanhecer do primeiro dia da semana. Sua devoção, que nunca foi tão forte quanto na sua reação à morte de Jesus, estava prestes a ser recompensada de uma maneira inimaginavelmente triunfante.

Não havia, evidentemente, pensamento algum de ressurreição pairando na mente de Maria. Ela tinha visto bem de perto os efeitos devastadores dos golpes amargos que Jesus tinha recebido a caminho da cruz. Tinha testemunhado, em primeira mão, os momentos em que a vida se esvaía dele, bem como assistido o momento em que seu corpo sem vida foi enfaixado em linho sem cerimônia alguma, ungido com uma preparação rápida e abandonado no sepulcro. O único pensamento que preenchia seu coração era o desejo de fazer de modo adequado o que ela tinha visto ser feito de forma tão apressada e acidental por Nicodemos e José. Ela deve tê-los reconhecido como membros do Sinédrio hostil, ou nem mesmo tê-los conhecido. Ela achou que estava vindo ao sepulcro para uma expressão final de amor pelo seu Mestre — a quem sabia que devia tudo o que tinha.

O apóstolo João, que também tinha sido testemunha ocular de alguns dos acontecimentos dramáticos daquela manhã, traz a melhor descrição:

> No primeiro dia da semana, bem cedo, estando ainda escuro, Maria Madalena chegou ao sepulcro e viu que a pedra da entrada tinha sido removida. Então correu ao encontro de Simão Pedro e do outro discípulo, aquele a quem Jesus amava, e disse: "Tiraram o Senhor do sepulcro, e não sabemos onde o colocaram!"
>
> Pedro e o outro discípulo saíram e foram para o sepulcro. Os dois corriam, mas o outro discípulo foi mais rápido que Pedro e chegou primeiro ao sepulcro. Ele se curvou e olhou para dentro, viu as faixas de linho ali, mas não entrou. A seguir Simão Pedro, que vinha atrás dele, chegou, entrou no sepulcro e viu as faixas de linho, bem como o lenço que estivera sobre a cabeça de Jesus. Ele estava dobrado à parte, separado das faixas de linho. Depois o outro discípulo, que chegara primeiro ao sepulcro, também entrou. Ele viu e creu. (Eles ainda não haviam compreendido que, conforme a Escritura, era necessário que Jesus ressuscitasse dos mortos.) Os discípulos voltaram para casa.
>
> Maria, porém, ficou à entrada do sepulcro, chorando. Enquanto chorava, curvou-se para olhar dentro do sepulcro e viu dois anjos vestidos de branco, sentados onde estivera o corpo de Jesus, um à cabeceira e o outro aos pés. Eles lhe perguntaram: "Mulher, por que você está chorando?" "Levaram embora o meu Senhor", respondeu ela, "e não sei onde o puseram". (João 20:1-13)

Está registrado, em Mateus 28:2, que o rolar da pedra foi acompanhado por "um grande terremoto". Também sabemos, a partir de Mateus e Marcos, que pelo menos duas outras mulheres (a outra Maria e Salomé) tinham vindo ajudar. Elas tinham conversado sobre a dificuldade de rolar a grande pedra, que nada mais era do que uma placa imensa em forma de roda apoiada em uma calha, para fora da entrada do sepulcro, mas no momento em que elas chegaram, a pedra já tinha sido rolada para fora.

Tanto Marcos 16:5 quanto Lucas 24:3 registram que as mulheres entraram no sepulcro e viram que ele estava vazio. O primeiro impulso de Maria foi pensar que alguém tivesse roubado o corpo de Jesus. Ela correu imediatamente para fora do sepulcro e seguiu pela mesma trilha pela qual tinha vindo, aparentemente planejando procurar ajuda. No entanto, antes de ir muito longe, encontrou Pedro e João, a caminho do local do sepulcro. Quase sem fôlego, contou-lhes sobre o sepulcro vazio, e os dois saíram correndo para confirmar no local. João faz questão de registrar que ele correu mais que Pedro, mas parou na entrada do túmulo para olhar para dentro, e Pedro passou por ele para entrar no sepulcro. No local, ele encontrou apenas as roupas funerárias e um lenço dobrados e colocados de lado. João se juntou a Pedro no túmulo. Ver as roupas funerárias ainda intactas, porém sem o corpo, foi o suficiente para que ele acreditasse. Ele e Pedro deixaram o local imediatamente (Lucas 24:12). Foi provavelmente nesse momento que as outras mulheres voltaram ao sepulcro novamente para ver por si mesmas (Marcos 16:4).

Enquanto isso, Maria Madalena, inquieta com a tristeza que surgiu ao pensar que alguém tinha roubado o corpo de Jesus, permaneceu sozinha do lado de fora do sepulcro. Ela se inclinou para olhar para dentro, e foi nesse momento que dois anjos apareceram de dentro do sepulcro (João 20:12). Mateus, Marcos e Lucas contam a história de forma resumida, omitindo alguns detalhes de propósito. Cada relato traz aspectos diferentes da história, mas que são fáceis de encaixar. Com certeza, todas as mulheres viram os anjos. Só um deles falou, e disse às mulheres dentro do túmulo: “Ele não está aqui; ressuscitou” (Mateus 28:6; cf. Marcos 16:6; Lucas 24:6). Depois o anjo as instruiu: “Vão depressa e digam aos discípulos dele: ‘Ele ressuscitou dentre os mortos [...]’” (Mateus 28:7). A essa altura, todas as pessoas parecem ter ido embora, menos Maria. De acordo com Mateus, "as mulheres saíram depressa do sepulcro, amedrontadas e cheias de alegria" (v. 8).

Maria parecia ter permanecido fora do sepulcro, ainda desconsolada por causa do corpo desaparecido. Evidentemente, ela nem tinha notado as roupas no sepulcro vazio. Parece claro que ela nem ouviu as notícias triunfantes do anjo, nem percebeu como Pedro e João estavam eufóricos quando deixaram o sepulcro. O anjo veio e falou diretamente com ela: "Mulher, por que você está chorando?" (João 20:13a).

Entre um soluço e outro do seu coração partido, Maria respondeu: "Levaram embora o meu Senhor e não sei onde o puseram" (João 20:13b).

Foi nesse momento que ela se virou e viu Jesus. A princípio, por entre os olhos marejados, ela nem sequer o reconheceu. Maria Madalena foi a única que não percebeu instantaneamente quem ele era depois da sua ressurreição. Mais tarde, naquele dia, de acordo com Lucas 24:13-35, dois dos seus discípulos caminharam com ele por uma boa distância na estrada para Emaús, sem que seus olhos se abrissem para perceber quem ele era. Sua expressão no rosto era diferente — tinha sido glorificada. No caso de ele ter se manifestado do modo que João o descreveu em Apocalipse 1:14: "Sua cabeça e seus cabelos eram brancos como a lã, tão brancos quanto a neve, e seus olhos eram como chama de fogo".

Jesus falou: "Mulher, por que está chorando? Quem você está procurando?" (João 20:15).

Maria, pensando que era o jardineiro, implorou que a mostrasse para onde tinham levado o corpo de Cristo.

Bastou ele dizer o nome dela, e ela o reconheceu instantaneamente. "Ele chama as suas ovelhas pelo nome [...] [e] elas conhecem a sua voz" (João 10:3-4).

"Rabôni!". O luto de Maria se transformou em uma alegria indescritível (João 20:16), e ela deve ter tentado abraçá-lo como se não fosse largá-lo nunca mais.

Suas palavras "Não me segure" (v. 17), deram testemunho de modo singular sobre o caráter extraordinário de Maria Madalena. A maioria de nós é bem como o apóstolo Tomé — hesitante, pessimista. Jesus pediu a Tomé que o tocasse, para verificar a identidade de Jesus (v. 27). É impressionante e triste — mas verdadeiro — que a maioria dos discípulos de Jesus, especialmente nessa época pós-moderna, precisem ser constantemente convencidos a se aproximar dele. Maria, de um modo bem diferente, não quis largar Jesus.

Por isso, Jesus lhe conferiu uma honra única e inigualável, permitindo que ela fosse a primeira a vê-lo e ouvi-lo depois da sua ressurreição. Os outros já tinham ouvido e crido na notícia alegre a partir da boca de um anjo. Maria a ouviu em primeira mão do próprio Jesus. O epitáfio bíblico de sua vida foi registrado em Marcos 16:9: "Quando Jesus ressuscitou, na madrugada do primeiro dia da semana, apareceu primeiramente a Maria Madalena".

Esse foi o seu legado extraordinário. Ninguém nunca poderá igualar essa honra ou tirá-la dela, mas nós podemos e devemos imitar Maria em seu amor profundo a Cristo.

11
Lídia
A abertura de um coração hospitaleiro

Uma das que ouviam era uma mulher temente a Deus chamada Lídia, vendedora de tecido de púrpura, da cidade de Tiatira. O Senhor abriu seu coração para atender à mensagem de Paulo.

Atos 16:14

A melhor forma de se lembrar de Lídia é como a primeira pessoa que foi convertida para o evangelho na Europa. Foi a primeira a ser registrada recebendo a mensagem de Cristo durante a primeira viagem missionária do apóstolo Paulo àquele continente. Sua conversão marcou a primeira base forte da igreja em um continente que finalmente se tornou o polo do testemunho do evangelho em todo o mundo. A Europa só perdeu esse lugar para a América do Norte há cerca de cem anos.

No entanto, de forma irônica, a própria Lídia não era europeia. Seu nome também foi o nome de uma grande província da Ásia, provável região onde ela nasceu. A capital de Lídia era Sardes. O último e mais conhecido líder desse território foi Creso, que governou no século VI a.C., e cujo nome é sinônimo de riqueza. Ele foi derrotado por Ciro, governante da Medo-Pérsia, na época de Esdras. Ciro usou a riqueza capturada de Creso para conquistar a maior parte do mundo conhecido. Na época do Império Romano, o território da Lídia, que antes tinha sido tão grandioso, era simplesmente uma das províncias da Ásia Menor, mas, no final da era apostólica, a província também tinha sido um centro próspero do cristianismo. Sardes, que ainda era a capital da região na época do apóstolo João, sediava uma das sete igrejas no livro do Apocalipse (3:1-6).

A verdadeira cidade natal de Lídia era a cidade de Tiatira, localizada na província da Lídia, que também sediava uma das sete igrejas do Apocalipse (2:18-29). De um modo importante, Tiatira se localizava na região exata da Ásia Menor onde Lucas nos diz que Paulo, Silas e Timóteo foram "impedidos pelo Espírito Santo de pregar a palavra" (At 16:6).

Logo depois de todas as portas se fecharem para Paulo plantar outras igrejas na Ásia Menor, Deus soberanamente guiou o grupo missionário em direção à Europa por meio de um sonho com um homem macedônio que "estava em pé e lhe suplicava: 'Passe à Macedônia e ajude-nos'" (v. 9). Macedônia, naqueles dias, era o nome de uma província romana que cobria boa parte da península superior da Grécia, que se estendia do mar Adriático ao mar Egeu. A área onde Paulo ministrou se encontra na Grécia dos dias de hoje. A Macedônia moderna consiste em uma região consideravelmente menor, que não fica na Grécia. Como disse Lucas, "preparamo-nos imediatamente para partir para a Macedônia, concluindo que Deus nos tinha chamado para lhes pregar o evangelho" (v. 10).

As ironias são muitas. Em vez de abordar Lídia na sua terra natal, o evangelho a alcançou na Europa, onde ela estava a negócios. Embora Paulo tenha visto um homem macedônio em sua visão, essa mulher asiática foi a primeira convertida de quem se tem notícia na Europa.

Lídia era uma mulher notável que apareceu de repente e inesperadamente na narrativa bíblica, lembrando-nos que, embora os propósitos soberanos de Deus geralmente permaneçam ocultos aos nossos olhos, ele está sempre operando de maneira secreta e surpreendente para convocar um povo para o seu nome.

A maneira pela qual o evangelho chegou a Lídia

A história de Lídia é breve, porém envolvente. É contada somente em poucos versículos, perto do início da narrativa de Lucas referente à segunda viagem missionária de Paulo. Essa foi uma viagem missionária prolongada, cuja descrição se estende de Atos 15:36 a 18:22. Lucas, ao que parece, juntou-se a eles um pouco antes de atravessarem o estreito de Trôade (na Ásia Menor) para a Macedônia (já em território europeu). O alistamento de Lucas na equipe missionária foi assinalado por uma mudança abrupta no texto para pronomes de primeira pessoa, começando em Atos 16:10 ("preparamo-nos imediatamente para partir para a Macedônia"). Daí por diante, Lucas escreve como testemunha ocular. Foi a essa altura que a história de Lídia entrou em ação.

A mão soberana da orientação providencial de Deus se fez notória para todo o grupo de Paulo. Lucas não explicou todas as circunstâncias, mas, de algum modo, eles tinham sido proibidos pelo Espírito de Deus de viajar para a região central da Ásia Menor. Todas as outras portas para o ministério na Ásia também tinham se fechado para eles (16:6-8). Esse foi o momento em que Paulo recebeu a revelação e o chamado para atravessar rumo ao continente europeu. Deus tinha deixado bem claro a todos que só havia um caminho à frente — o da Macedônia. Eles não perderam tempo atravessando para a Grécia continental.

Lucas traz um relato detalhado sobre a rota que eles seguiram para a Macedônia: "Partindo de Trôade, navegamos diretamente para Samotrácia e, no dia seguinte, para Neápolis. Dali partimos para Filipos, na Macedônia, que é colônia romana e a principal cidade daquele distrito. Ali ficamos vários dias" (16:11-12). A viagem curta, de dois ou três dias, era realizada em sua maior parte pelo mar. A rota de Trôade para Neápolis era a cerca de 260 quilômetros. Neápolis era a cidade portuária vizinha de Filipos, que se situava a cerca de dezesseis quilômetros rumo ao interior.

Filipos recebeu o nome de Filipe II da Macedônia, pai de Alexandre, o Grande. Era o ponto final de uma estrada romana conhecida como Via Egnácia. A cidade de Tessalônica, onde Paulo fundaria posteriormente uma igreja famosa, ficava a mais de 240 quilômetros a oeste, no outro extremo da Via Egnácia.

Na época de Paulo, Filipos era uma comunidade próspera e agitada no cruzamento entre duas rotas de comércio, cujo uma delas ficava por terra, pela estrada que vinha de Tessalônica, e a outra pelo mar, através do porto da cidade, próxima de Neápolis. Lucas descreve Filipos como "uma colônia" (Atos 16:12), dando a entender que era uma colônia romana, com governo romano e uma grande população de cidadãos romanos. A história registra que Filipos se tornou colônia romana em 31 a.C. Isso sugeria que o governo local da cidade respondia diretamente a Roma, de forma completamente independente do governo provincial da Macedônia. Seus cidadãos também eram isentos dos impostos macedônicos. Portanto, essa cidade era próspera e forte, agitada com o comércio em todas as partes do mundo. Era um local estratégico para apresentar o evangelho à Europa.

Paulo e seus companheiros passaram "alguns dias" em Filipos, aparentemente à espera do sábado. A estratégia evangelística normal de Paulo era levar o evangelho primeiramente à sinagoga local, porque, se eles fossem primeiro aos gentios, os judeus nunca escutariam nada que ele tivesse a dizer. Filipos, no entanto, era uma cidade completamente gentia, sem nenhuma sinagoga.

Havia alguns judeus em Filipos, mas eram muito poucos — nem mesmo em quantidade suficiente para sustentar uma sinagoga. Para começar uma sinagoga em qualquer comunidade, o costume judaico exigia um quórum (conhecido como *minyan*) de pelo menos dez homens judeus (quaisquer homens adultos acima da idade do *bar mitzvah* serviriam). O número vinha supostamente do relato bíblico da destruição de Sodoma e Gomorra, no qual Deus diz a Abraão que pouparia aquelas cidades por causa de dez homens justos (Gênesis 18:32-33), mas a regra do *minyan* era um exemplo clássico da criatividade rabínica. A lei bíblica não fazia essa restrição.

Segundo a tradição, nas comunidades sem sinagogas, as mulheres judias podiam orar em grupo se quisessem, mas os homens teriam de completar um *minyan* legítimo antes que pudessem participar em qualquer tipo de adoração formal, pública e comunitária — inclusive a oração, a leitura da Torá e a pronúncia de bênçãos públicas.

Já que a comunidade judaica de Filipos, aparentemente, não era grande o suficiente para formar um *minyan* legítimo, Paulo e seu grupo, de modo diferente do que costumavam fazer, buscaram se informar sobre o lugar onde as mulheres judias se reuniam para orar no sábado, e se dirigiram até lá. "No sábado saímos da cidade e fomos para a beira do rio, onde esperávamos encontrar um lugar de oração. Sentamo-nos e começamos a conversar com as mulheres que se haviam reunido ali" (Atos 16:13). O rio consistia em um riacho conhecido como Gangites, logo a oeste da cidade. Aparentemente, o pequeno grupo de mulheres que se reunia naquele lugar era o único grupo público de judeus de toda a região de Filipos a se reunir em um sábado típico. Para seguir o princípio de levar o evangelho "primeiro ao judeu" (Romanos 1:16), Paulo foi até a beira do rio para pregar.

Ironicamente, a mulher que reagiu com mais entusiasmo não era nem mesmo judia. Lídia era uma adoradora de YHWH, pelo menos era o que parecia, mas era uma gentia que buscava ativamente o Deus verdadeiro, que nem mesmo tinha se tornado uma prosélita judaica formal. Lucas descreve o primeiro encontro com Lídia da seguinte maneira: "Uma das que ouviam era uma mulher temente a Deus chamada Lídia, vendedora de tecido de púrpura, da cidade de Tiatira" (Atos 16:14).

Ela era, na verdade, uma empresária. Vendia corantes e tecidos roxos finos feitos por uma cooperativa famosa de sua cidade natal de Tiatira. Os arqueólogos descobriram várias inscrições romanas datadas do primeiro século que se referem à cooperativa de tintureiros de Tiatira. O corante raro e caro, e que, na verdade, era mais de cor púrpura do que roxo, era feito de um gastrópode de concha espinhosa conhecido como murex. O processo foi inventado na antiga Tiro, e o corante era, e ainda é, conhecido como púrpura tíria. Os fabricantes de Tiatira tinham desenvolvido um método melhor para obter o corante dos gastrópodes. Eles também criaram um corante mais barato com uma cor parecida a partir da raiz da garança. Essa era uma alternativa popular à cor mais cara, especialmente entre as pessoas da classe trabalhadora, mas a púrpura tíria era a base da púrpura real, e essa substância era uma das mais preciosas mercadorias do mundo antigo. Por isso, Lídia deve ter sido uma mulher que tinha alguns recursos. A menção de uma casa, em Atos 16:15, poderia indicar que ela mantinha uma casa em Filipos, mais provavelmente com servos domésticos. Tudo isso confirma que ela era uma mulher rica.

A MANEIRA PELA QUAL O EVANGELHO CATIVOU O CORAÇÃO DE LÍDIA

O modo pelo qual Lídia se converteu é um bom exemplo da maneira como Deus sempre redime as almas perdidas. Pela perspectiva humana, podemos pensar que estamos buscando a ele, que confiar em Cristo é uma simples "decisão" que se situa na esfera da nossa própria vontade, ou que somos soberanos sobre o nosso próprio coração e sobre os nossos sentimentos. Na realidade, sempre que observarmos uma pessoa como Lídia buscando verdadeiramente a Deus, podemos ter certeza de que Deus a está atraindo. Sempre que alguém confia em Cristo, é Deus que abre o coração para crer. Se o próprio Deus não nos levar a Cristo, nós nunca nos achegaremos a ele. Jesus foi bem claro quanto a isso: "Ninguém pode vir a mim, se o Pai, que me enviou, não o atrair" (João 6:44). "Ninguém pode vir a mim, a não ser que isto lhe seja dado pelo Pai" (v. 65).

O coração humano decaído é escravo absoluto do pecado. Todos os pecadores são tão perdidos quanto Maria Madalena o era sob a possessão daqueles sete demônios. Romanos 8:7-8: "A mentalidade da carne é inimiga de Deus porque não se submete à lei de Deus, nem pode fazê-lo. Quem é dominado pela carne não pode agradar a Deus". Não conseguimos transformar nossos próprios corações nem darmos às costas ao mal para fazer o bem: "Será que o etíope pode mudar a sua pele? Ou o leopardo as suas pintas? Assim também vocês são incapazes de fazer o bem, vocês que estão acostumados a praticar o mal" (Jeremias 13:23). O amor ao mal faz parte da nossa natureza decaída, e é exatamente isso que torna impossível para nós preferirmos o bem ao mal. A nossa vontade se inclina de acordo com o que amamos. Somos escravos da nossa própria corrupção. As Escrituras retratam a condição de todo pecador decaído como um estado de escravidão irremediável ao pecado.

Na verdade, é bem pior do que isso. É uma espécie de morte — uma esterilidade espiritual total que nos deixa totalmente à mercê das cobiças pecaminosas da nossa própria carne (Efésios 2:1-3). Somos incapazes de mudar nosso próprio coração para melhor.

Lídia é descrita, em Atos 16:14, como uma mulher "que era temente a Deus". Pelo menos intelectualmente, ela já sabia que YHWH era o único Deus verdadeiro. Ela aparentemente se reunia com regularidade com as mulheres judias que se juntavam para orar no sábado, mas ainda não tinha se convertido ao judaísmo.

Lucas registra que Lídia "ouvia" (Atos 16:14). Ele usou uma palavra grega que queria dizer que ela ouvia com atenção. Ela não se limitava a absorver o som, ela dava uma atenção toda especial ao sentido das palavras. Ela não era como os companheiros de Paulo na estrada de Damasco, que ouviam a voz (Atos 9:7), mas não entendiam o sentido dela (22:9). Ela escutava com atenção envolvente e com entendimento, enquanto Paulo e seus companheiros explicavam a mensagem do evangelho.

Seu coração estava realmente aberto. Ela era uma pessoa que sinceramente buscava a Deus, mas observe a intenção total de Lucas: não era mostrar que Lídia tinha aberto o próprio coração e os próprios ouvidos à verdade. De fato, ela estava buscando, mas até isso foi devido ao fato de Deus a estar atraindo. Ela estava escutando, mas foi Deus que lhe deu ouvidos para ouvir. Ela tinha um coração aberto, mas foi Deus quem lhe abriu o coração. Lucas confirma claramente a soberania de Deus na salvação de Lídia: "O Senhor abriu seu coração para atender à mensagem de Paulo" (16:14).

Muitas pessoas têm dificuldades para encarar esse princípio de frente. É uma ideia difícil, mas fico muito feliz por ela ser verdade. Se não fosse pela obra soberana de Deus atraindo e abrindo o coração dos pecadores para que eles acreditem, ninguém nunca seria salvo. Isso é exatamente o que Paulo tinha em mente no capítulo 2 de Efésios, depois de destacar a morte espiritual completa dos pecadores, quando ele diz que a salvação — a totalidade dela — é dom de Deus (Efésios 2:8-9).

Você já percebeu que até a fé é um dom de Deus para aquele que crê? Não recorremos ao nosso próprio coração e despertamos a fé dentro dele simplesmente pela força de vontade. Deus é aquele que abre nosso coração para crer. É ele que graciosamente nos concede o arrependimento (Atos 11:18; 2Timóteo 2:25).

Penso que todos os cristãos têm alguma noção intuitiva dessa verdade. É por isso que oramos pela salvação dos nossos entes queridos. Se a salvação fosse somente dependente da escolha do nosso livre-arbítrio, qual seria o sentido de orar a Deus por isso? Também sabemos, em nosso coração, que não podemos nos orgulhar de ser mais sábios ou entendidos do que nosso próximo que ainda não crê. Sabemos que nossa salvação é obra total e completa da graça de Deus, e em nenhum sentido ela vem de nós. Todos os que creem, do mesmo modo que Lídia, têm de confessar que foi Deus que, a princípio, abriu o nosso coração para crer.

As palavras são importantes. Muitas pessoas imaginam que a doutrina da soberania de Deus faz com que ele, de algum modo, force as pessoas contra sua vontade para crer. Os teólogos, às vezes, utilizam a expressão "graça irresistível" quando descrevem o modo pelo qual Deus traz o pecador à salvação. Não imagine em nenhum momento que exista algum tipo de força violenta ou coação envolvida quando Deus traz as pessoas a Cristo. A graça não empurra o pecador contra sua vontade na direção de Jesus. Ela o traz voluntariamente a ele — a princípio, abrindo o seu coração. Ela o capacita a perceber seu pecado como ele é e dá-lhe o poder de desprezar o que anteriormente amava. Ela também o capacita a ver Cristo como ele é de verdade. A pessoa cujo coração foi aberto dessa maneira inevitavelmente achará que Cristo é irresistível. Esse é o sentido exato da expressão "graça irresistível". Esse é o modo pelo qual Deus traz o pecador para si. A descrição que Lucas faz da conversão de Lídia capta isso de um modo bem bonito. O Senhor simplesmente abriu o coração dela para crer — e ela creu.

Da sua parte, ela reagiu de forma instantânea. A soberania de Deus não descarta o pecador do processo. Lídia ouviu e acatou. Ela voluntariamente adotou a verdade do evangelho e se tornou uma crente naquela mesma manhã. Começou a fazer parte do cumprimento da promessa feita há muito tempo para Eva. A semente da mulher esmagou a cabeça da serpente para ela.

A maneira pela qual o evangelho transformou a vida de Lídia

A fé de Lídia imediatamente foi demonstrada pelas suas ações. Quase incidentalmente, Lucas disse: "Tendo sido batizada, bem como os de sua casa

[...]" (Atos 16:15). Lembre-se, o encontro aconteceu em um local próximo do rio. Aparentemente, Lídia, como o eunuco etíope, não precisava de muito incentivo para dar o primeiro passo de obediência a Cristo. Ela foi batizada naquela hora e naquele lugar.

Observe também que as Escrituras mencionam "os de sua casa". Isso poderia descrever sua família em particular, mas nada no contexto indicava que ela era casada. Seria muito incomum nessa cultura para uma mulher casada estar envolvida no ramo de importação e exportação, que exigisse que ela viajasse de um continente para o outro. Além disso, ela, com certeza, era a cabeça da casa. Afinal de contas, a casa era "dela", e o versículo 40 fala da "casa de Lídia", que queria dizer que ela era a dona do imóvel.

Lídia pode ter sido uma viúva. Sua casa, com certeza, tinha servos. Ela também criou filhos que moravam e viajavam com ela, mas sejam quais forem as pessoas que faziam parte de sua casa, todos eles receberam a fé e foram batizados naquela ocasião juntamente com Lídia. Ela já estava levando outras pessoas a Cristo, e Deus amavelmente abria o coração delas também.

Lídia se mantinha sempre pronta a exercer também a hospitalidade com os missionários. Segundo Lucas, ela "rogou-lhes" que ficassem em sua casa: "Se os senhores me consideram uma crente no Senhor, venham ficar em minha casa" (Atos 16:15). Lucas acrescentou (com o eufemismo característico): "E [ela] nos convenceu" (v. 15).

A hospitalidade que Lídia demonstrou a esses desconhecidos que tinham vindo a ela em nome do Senhor foi louvável. Repito que seu desejo de os hospedar nos lembra que ela era uma mulher de posses. Sabemos, com certeza, que Paulo, Silas, Timóteo e Lucas faziam parte do grupo. Com toda a probabilidade havia outros. Essa equipe devia contar com mais pessoas. Hospedar tantos desconhecidos não seria uma tarefa fácil até mesmo nos dias de hoje. Já que eles não tinham planos sobre o lugar para onde iriam em seguida, afinal de contas, eles estavam naquela localidade para plantar uma igreja, ela tinha se oferecido para cuidar deles por tempo indeterminado.

Além disso, o preço real para Lídia era possivelmente bem mais alto que o valor monetário do quarto e da estadia para o grupo de missionários. Lembre-se de que Filipos foi o lugar onde Paulo e Silas foram muito açoitados, além de terem sido lançados na prisão e presos a troncos. Eles acabaram sendo libertados por um terremoto milagroso, e o carcereiro, juntamente com toda sua casa, tornou-se cristão logo depois. Entretanto, se pregar o evangelho era considerada uma ofensa que poderia levar à prisão, Lídia estava se expondo a um possível problema — a perder seu negócio, a ser malvista na comunidade, e até ser condenada a cumprir pena na prisão — por receber esses desconhecidos em sua casa, providenciando-lhes uma base para que eles evangelizassem.

Mesmo assim, seu maravilhoso gesto de hospitalidade abriu o caminho para a igreja se infiltrar na Europa. Paulo e os missionários aparentemente permaneceram com Lídia por um longo período. O versículo 18 descreve uma mulher endemoninhada que os incomodou "por *muitos* dias" (destaque nosso), até que Paulo, "indignado, voltou-se e disse ao espírito: 'Em nome de Jesus Cristo eu lhe ordeno que saia dela!' No mesmo instante o espírito a deixou".

A endemoninhada era uma escrava cujos donos recebiam grande lucro com suas habilidades para adivinhar (v. 16). Depois que o demônio saiu dela, ela não podia mais realizar nenhum dos truques que a levaram a ganhar credibilidade como vidente (v. 16). Os donos da moça arquitetaram a oposição pública que logo lançou Paulo e Silas na prisão.

Depois da conversão do carcereiro, quando Paulo e Silas finalmente foram libertados, Lucas disse: "Depois de saírem da prisão, Paulo e Silas foram à casa de Lídia, onde se encontraram com os irmãos e os encorajaram. E então partiram" (Atos 16:40).

Isso indica que eles tinham estado em Filipos por tempo suficiente para fundar uma igreja. Parece que algumas pessoas tinham recebido o evangelho. Naturalmente, o primeiro local onde eles se reuniram foi na casa de Lídia. Ao abrir as portas para o apóstolo Paulo, Lídia teve a honra de receber em sua própria sala as primeiras reuniões da primeira igreja que foi fundada em toda a Europa! Ela conquistou essa honra exercendo toda essa calorosa hospitalidade para essa equipe de missionários que tinha acabado de conhecer. Ela simbolizou o tipo de hospitalidade que as Escrituras exigem de todos os cristãos.

A hospitalidade de Lídia era tão marcante quanto a sua fé. Por causa de sua generosidade para com Paulo e sua equipe missionária, o evangelho obteve uma base sólida em Filipos. Alguns anos depois, Paulo escreveu a carta que leva o nome dessa igreja. Fica claro pelo tom de sua epístola que a oposição ao evangelho ainda era forte em Filipos, mas o evangelho ainda era mais poderoso, e, a partir de Filipos, o evangelho ecoou por toda a Europa. Ele continua a ser divulgado até os confins da terra, até os dias de hoje.

A recompensa de Lídia no céu com certeza será grande. Ela foi verdadeiramente uma mulher extraordinária. Como todas as mulheres no nosso estudo, tudo o que a fez excepcional foi resultado da obra de Deus no seu coração. A Bíblia é clara quanto a isso, especialmente no caso de Lídia — mas trata-se de um fato que diz respeito a todas as mulheres que estudamos.

Epílogo

As doze mulheres, cujas vidas acabamos de estudar, são uma amostra representativa de todas as mulheres que as Escrituras elogiam. Todas elas — juntas a todas as outras mulheres de Deus que aparecem nas páginas da Bíblia — possuem várias características em comum.

Em primeiro lugar, e de forma mais importante, a fé e a esperança delas eram absoluta e categoricamente cristocêntricas. Essa é a verdade única, básica e dominante que surge do estudo de todas as mulheres piedosas das Escrituras, e confio que isso tenha sido passado claramente enquanto você percorreu seu olhar por todo este livro. O ponto principal que elas nos ensinam é centralizar nossa vida, nossa fé e nossa perspectiva em Cristo e somente nele. Afinal de contas, essa é, de forma resumida, a mesma reação que o evangelho exige de nós. Não é somente o tema central proclamado pelas mulheres da Bíblia, é o coração de toda a mensagem bíblica.

Observe, além disso, que as lições principais da vida dessas doze mulheres tratam todas sobre o caráter espiritual e a virtude feminina. As mulheres, cujas vidas nós nos dedicamos a estudar, não são inesquecíveis somente por causa de sua beleza física, de suas habilidades naturais, de suas conquistas pessoais ou de alguma posição que alcançaram. Não se destacam por nenhuma das razões típicas pelas quais algumas mulheres são celebradas nos dias atuais. A maioria delas não se casou para ter qualquer tipo de fama ou influência. Você notou que nenhuma de nossas doze mulheres extraordinárias é reconhecida exclusivamente por causa da pessoa com a qual ela casou? A identidade ou a reputação delas não vem do marido. A maioria delas não veio a ser nenhum tipo de celebridade aos olhos do mundo. Dentre as doze mulheres que estudamos, nenhuma delas se tornou famosa por causa da sua carreira, de alguma conquista desse mundo, ou de algo que poderia se destacar aos olhos de um observador cultural. Todas eram basicamente honestas, em todos os sentidos da palavra — como "convém a mulheres que professam adorar a Deus" (1Timóteo 2:10). Francamente, algumas dessas mulheres nem seriam consideradas importantes se não fossem destacadas nas Escrituras como mulheres de fé.

Então, somos trazidos de volta mais uma vez à questão da fé que elas tinham. Guarde bem isso: a fé era a raiz e a essência principal de tudo o que faz dessas mulheres extraordinárias, mas em nenhum caso a excelência delas para na simples fé. O fruto da sua fé era a virtude. Os relatos de cada uma delas exemplificam, de algum modo importante, uma qualidade moral ou característica espiritual que é digno de ser imitado. No caso de Eva, foi sua perseverança na fé e na esperança, mesmo depois de seu mundo ter sido totalmente desfeito por causa do seu próprio pecado. No caso de Sara, foi sua esperança firme que perseverou diante de obstáculos inacreditáveis. A lição da vida de Raabe se vê no exemplo de sua conversão incrível, porque ela nos lembra de como a graça de Deus pode reconstruir de forma dramática uma vida assolada pelo pecado. Rute era um exemplo vivo de devoção, amor, confiança e humildade. Ana exemplificou a dedicação da maternidade e a importância de fazer do lar um lugar onde Deus é honrado acima de tudo. Maria, a mãe de Jesus, foi o modelo da submissão humilde. A profetisa Ana foi um exemplo adequado de como ser uma testemunha fiel da graça e da glória de Deus. A mulher samaritana personificava uma reação entusiasmada à mensagem do evangelho. Marta e Maria encarnaram as virtudes gêmeas da adoração e do serviço, motivadas pela devoção profunda a Cristo. Maria Madalena era um exemplo vivo da maneira que a libertação e o perdão de Cristo levam a um grande amor (Lucas 7:47), e Lídia é lembrada por ter um coração que estava bem aberto para Cristo.

É claro que nenhuma dessas mulheres foi perfeita. Seus defeitos e fracassos também foram bem claros, e eles também estão registrados para nosso aviso (1Coríntios 10:8-11). Os pecados dos santos nas Escrituras sempre são contados com franqueza simples e nunca de um modo que justifica ou glorifica a transgressão. Embora permaneçam como repreensão ao nosso pecado, essas histórias também nos confortam com a recordação de que, por toda a história, Deus usou vasos imperfeitos "para mostrar que este poder que a tudo excede provém de Deus, e não de nós" (2Coríntios 4:7). Afinal de contas, Cristo veio para buscar e salvar o perdido — não o justo, mas o pecador (Lucas 19:10; Marcos 2:17). Todas essas mulheres retratam a verdade dessa promessa, e isso com certeza é um incentivo rico quando consideramos nossa própria queda.

Para resumir, tudo o que foi feito para que essas mulheres fossem consideradas extraordinárias ocorreu graças à obra do Salvador glorioso a quem elas amaram e serviram. Deus é o único realmente extraordinário, e ele estava simplesmente moldando essas mulheres à sua imagem (Romanos 8:29).

Mesmo parecendo extraordinário, o que Deus operou na vida delas, na verdade, não é diferente do que ele faz na vida de cada cristão verdadeiro: "E todos nós, que com a face descoberta contemplamos a glória do Senhor, segundo a sua imagem estamos sendo transformados com glória cada vez maior, a qual vem do Senhor, que é o Espírito" (2Coríntios 3:18).

Que os resultados extraordinários desse processo sejam a experiência diária da sua vida!

Guia de estudo

CAPÍTULO 1 – EVA: MÃE DE TODA A HUMANIDADE

1. O que diferencia Eva de todas as mulheres? Por que Deus a criou?
2. O modo pelo qual Eva foi criada revela que ela tinha basicamente o mesmo nível de Adão. O que isso significa para você? Como você entende o dever e o papel da mulher?
3. Leia Mateus 19:4-6. O que Jesus disse sobre o relacionamento entre o homem e a mulher? E qual é o sentido disso para os dias de hoje?
4. De que maneira Eva era um par para Adão? Em que aspectos eles eram diferentes? O que isso diz sobre o casamento nos dias de hoje?
5. Neste capítulo, John MacArthur diz que o papel da mulher é "subordinado, porém do mesmo nível" que o do marido. O que isso significa e como isso pode se tornar realidade em sua vida?
6. Leia Gênesis 3:1-7. Em que aspectos a sua tentação é parecida com a tentação de Eva? Que processo Satanás usa para tentá-la?
7. Como o seu estudo bíblico pessoal pode ajudar você a se defender da tentação?
8. O foco da maldição resultante do pecado de Eva era os dois relacionamentos mais importantes para uma mulher. Quais eram esses relacionamentos e qual a importância deles para você?

9. Que princípios de vida você aprendeu com o estudo sobre Eva? Como você aplicará esses princípios?

CAPÍTULO 2 – SARA: ESPERANDO CONTRA A ESPERANÇA

1. Quais são seus primeiros pensamentos sobre Sarai (ou Sara)?
2. Encontramos Sara pela primeira vez quando ela tinha 65 anos de idade. Nessa época, ela era linda, mas não tinha filhos. Por que era tão importante que a mulher tivesse filhos?
3. Faça uma revisão do material e relacione as qualidades e as fraquezas de Sara. Agora faça uma lista de suas qualidades e defeitos. Em quais aspectos você e Sara são parecidas? Em quais deles vocês são diferentes?
4. Sara é caracterizada como frustrada e ressentida porque não tinha filhos. Quando você não consegue o que espera, que palavras podem ser usadas para caracterizar o seu modo de agir? Ele é bom ou ruim? Explique sua resposta.
5. Os gestos de Sara revelam que ela era totalmente dedicada ao seu marido. A sua vida revela as pessoas e/ou coisas às quais você se dedica totalmente. O que sua vida diz que é importante para você?
6. Apesar de seus anos de esterilidade, Sara continuou confiante que Deus faria o que prometeu fazer. Sua vida é caracterizada pela esperança. Qual é a sua esperança? Que nível de confiança você tem de que Deus fará o que você espera?
7. Leia Gênesis 17:20-21. Como você acha que Sara se sentiu quando ouviu essas palavras?
8. Qual é a importância do riso de Sara em Gênesis 18:15? Qual é a importância de sermos honestos para com Deus?
9. Que princípios de vida você aprendeu com o estudo sobre Sara? Como você aplicará esses princípios?

CAPÍTULO 3 – RAABE: A REDENÇÃO DE UMA VIDA HORRÍVEL

1. Até onde sabemos, Raabe foi uma participante voluntária do seu estilo de vida pecaminoso. Se fosse julgada pelos padrões da sociedade, ela teria sido uma marginal. Que razões nos fazem colocar as pessoas de lado? Temos alguma razão de fazer isso?

2. Que característica de Raabe fez com que Deus escolhesse poupá-la?
3. Leia Josué 2:1-7. Que papel Raabe teve na conquista da Terra Prometida pelos israelitas? Por que o seu envolvimento foi tão importante?
4. Raabe mentiu para dar cobertura aos espiões. Não havia nada de correto com seu gesto de mentir. Será que Deus poderia ter alcançado seus propósitos caso ela contasse a verdade sobre os espiões? Explique a sua resposta.
5. Mentir era uma forma de viver no mundo de Raabe. O quanto é importante para você ensinar e aprender os princípios de Deus?
6. Algo dentro de Raabe a fez receber favoravelmente os espias. O que o Espírito Santo o leva a fazer que sai do seu padrão de comportamento?
7. Leia Josué 2:8-14. Qual era a relação entre o temor de Deus e a fé de Raabe? Como você descreveria essa relação em sua vida?
8. Qual é o legado de Raabe? O que isso nos ensina sobre a capacidade que Deus tem de nos usar mesmo tendo vivido em caminhos que eram desagradáveis a ele?
9. Que princípios de vida você aprendeu com o estudo sobre Raabe? Como você aplicará esses princípios?

CAPÍTULO 4 – RUTE: LEALDADE E AMOR

1. A história de Rute começa com uma descrição da sua condição. Como você descreveria sua situação atual?
2. Leia Rute 1:6-14. Como você descreveria Rute para alguém que nunca ouviu falar dela?
3. Rute expressou seu compromisso com Noemi e com Deus. Ao fazer isso, ela se distanciou dos deuses do passado. De que "deuses" do passado você precisa se separar?
4. A fé de Noemi obviamente influenciou Rute. Como sua fé afeta outras pessoas? Você incentiva as pessoas a se aproximarem ou a se afastarem de Deus? Explique.
5. Rute voltou a Belém para ajudar a sustentar Noemi. Você tem esse tipo de relacionamento com alguma mulher? Por que sim ou por que não?
6. Por que Boaz sentiu compaixão por Noemi e Rute? Boaz é chamado de libertador. Descreva seu primeiro encontro com seu "Libertador".

7. Boaz pagou o preço para resgatar Rute. Como isso mudou a percepção de Rute de seu próprio valor? Que valor você dá a Deus baseado no preço que ele pagou por você?
8. Quando Boaz resgatou Rute, o contrato era irrevogável. Como isso se compara ao seu relacionamento com Deus? Por que ele é irrevogável?
9. Que princípios de vida você aprendeu com o estudo sobre Rute? Como você aplicará esses princípios?

CAPÍTULO 5 – ANA: UM RETRATO DA GRAÇA FEMININA

1. Leia 1Samuel 1:24-28. Como sua vida foi influenciada pela devoção espiritual de seus pais? Como você influenciará as gerações futuras?
2. Ana era estéril como Sara. O que sua disposição em dedicar seu filho ao serviço do Senhor mostra sobre as suas prioridades? O que sua vida diária mostra sobre suas prioridades?
3. Ana "entendeu que a maternidade é o chamado mais sublime que Deus pode conceder a uma mulher". Qual é a sua reação a essa afirmação?
4. Ana foi usada por Deus para providenciar um líder no momento em que Israel precisava desesperadamente da orientação divina. Como Deus está usando você?
5. "O amor entre marido e mulher é o verdadeiro segredo de uma família próspera [...] A família estabelecida adequadamente tem *o casamento* no centro; as famílias não devem girar em torno dos filhos". Por que essa afirmação está certa? Que correções você precisa fazer em sua atitude com relação ao casamento e aos filhos?
6. O que você aprendeu com seus pais sobre o amor, o sacrifício de si mesmo, a integridade, a virtude, o pecado, a empatia, a compaixão, o entendimento e o perdão? O que você está ensinando às pessoas sobre esses assuntos?
7. A vida de oração de Ana demonstrou como seu amor a Deus era profundo. O que sua vida de oração revela sobre seu amor a Deus?
8. Ana sentiu um amor profundo pelo céu, pelo marido e pelo lar. Por causa disso, Deus a recompensou com uma vida gratificante. Será

que sua vida é satisfatória? Qual é a ligação entre a sua realização e o seu amor pelo céu, pela casa e pelo seu marido?

9. Que princípios de vida você aprendeu com o estudo sobre Ana? Como você aplicará esses princípios?

CAPÍTULO 6 – MARIA: BENDITA ENTRE AS MULHERES

1. Maria é uma das mulheres mais conhecidas da Bíblia e da história. Quais são as qualidades que você associa à vida de Maria com maior frequência?
2. Leia Lucas 1:28-35. Nessa passagem, o plano incrível de Deus para Maria foi revelado. Qual é o plano incrível de Deus para sua vida e como ele foi revelado para você?
3. Ao aceitar seu papel como virgem grávida, Maria aceitou o fato de que as pessoas pensariam mal dela. Você se preocupa mais sobre como agradar a Deus ou sobre como agradar as pessoas? Explique a sua resposta.
4. Maria e Isabel tinham uma comunhão espiritual. Com quem você mantém um vínculo espiritual profundo? Como esse relacionamento é importante para o seu crescimento espiritual?
5. A reação natural de Maria à obra de Deus em sua vida foi uma atitude sincera de adoração. Qual é a sua reação natural à obra de Deus em sua vida? Qual é a importância de ter uma atitude de adoração em sua vida?
6. Maria entregou Jesus para os propósitos de Deus. É fundamental que entreguemos aqueles dentro de nossa esfera de influência para os propósitos de Deus. Quais são as pessoas que você está entregando a Deus e o que Deus está realizando através da vida delas?
7. Maria acabou tendo que assistir seu filho morrer em uma cruz romana. Como você acha que ela se sentiu durante o desenrolar desses acontecimentos? Você acha que ela chegou a questionar o propósito de Deus para Jesus? Por quê (ou por que não)?
8. Maria nunca reivindicou ser algo mais do que uma serva humilde do Senhor. Em que aspectos você pode passar a ser um servo humilde do Senhor em sua vida diária? Quais das suas prioridades Deus pode mudar ou eliminar?

9. Que princípios de vida você aprendeu com o estudo sobre Maria? Como você aplicará esses princípios?

CAPÍTULO 7 – ANA, A PROFETISA: TESTEMUNHA FIEL

1. Leia Lucas 2:36-38. Qual é a sua impressão inicial sobre Ana?
2. Ana tinha um foco espiritual porque nutria esperanças e sonhos que se baseavam no seu entendimento das Escrituras. No que se baseiam as suas esperanças e os seus sonhos? Qual é o seu foco principal?
3. Ana era uma profetisa. O que significa essa palavra? De que forma você proclama a Palavra de Deus para as pessoas?
4. Lemos em Lucas 2:37 que Ana não saía do templo. O que isso revela sobre a importância que ela dava ao seu relacionamento com Deus? Como você se compara ao exemplo dela?
5. Ana tinha se envolvido na oração e no jejum por um período bem longo. Como você acha que ela se sentiu quando percebeu que Jesus era o Messias?
6. Não sabemos o que aconteceu com Ana depois da experiência descrita em Lucas 2. Só podemos imaginar que ela contou a todos o que ela sabia sobre a revelação de Deus. O que você conta a todos que conhece? Se o seu encontro com eles for o único encontro espiritual que eles tiverem, o que eles teriam aprendido com você?
7. A vida espiritual de Ana poderia ser descrita como centrada e coerente. Como você descreveria a sua vida espiritual?
8. Ana deixou um legado de devoção a Deus. Qual é o legado da sua vida? O que você precisa mudar para que seu legado seja parecido com o de Ana?
9. Que princípios de vida você aprendeu com o estudo sobre Ana, a profetisa? Como você aplicará esses princípios?

CAPÍTULO 8 – A MULHER SAMARITANA: ENCONTRANDO A ÁGUA DA VIDA

1. Por que Jesus tinha que evitar a mulher samaritana? Por que Jesus escolheu iniciar uma conversa com ela?
2. Havia várias razões legítimas para Jesus evitar a mulher samaritana. De que maneira Jesus saiu do seu caminho para influenciar a vida dessa mulher?

3. Por que Jesus escolheu revelar sua identidade como Messias nesse momento e nesse lugar? Por que Jesus escolheu se revelar a você?
4. A mulher samaritana ficou admirada de Jesus falar com ela. Quem se surpreenderia se você começasse a conversar sobre assuntos espirituais com ele ou ela?
5. Quando Jesus disse para a mulher chamar seu marido, ele revelou que o seu conhecimento sobre ela não se limitava ao que ela lhe contou. O que isso lhe mostra a respeito do que Deus conhece sobre os detalhes da sua vida?
6. Depois de conversar com Jesus, a mulher foi transformada de um modo dramático. Em que aspectos sua vida foi transformada pelo seu relacionamento com Jesus?
7. As autoridades religiosas rejeitaram Jesus, mas os marginalizados o aceitaram. Descreva se sua situação espiritual se aproxima mais de uma religião ou mais de um relacionamento.
8. As pessoas da cidade acreditaram, primeiramente, por causa da mudança que eles viram na mulher. Posteriormente, sua fé foi fortalecida quando conheceram Jesus. Será que a sua fé se baseia no seu encontro pessoal com Jesus ou no seu encontro com pessoas que o conhecem? Qual é a diferença?
9. Que princípios de vida você aprendeu com o estudo sobrea mulher samaritana? Como você aplicará esses princípios?

CAPÍTULO 9 – MARTA E MARIA: TRABALHO E ADORAÇÃO

1. Mesmo tendo diferentes maneiras de demonstrar, tanto Marta quanto Maria amavam Jesus. Como você expressa seu amor por Jesus?
2. Leia Lucas 10:38-42. Qual é a moral dessa história? Como o conflito entre Marta e Maria poderia ter sido evitado?
3. Maria é identificada como uma adoradora verdadeira. Quais são os aspectos da adoração de Maria que fazem parte da sua entrega e adoração? De que modo a sua adoração é diferente da adoração de Maria?
4. Marta é identificada como uma serva dedicada. Como o seu serviço a Deus se compara ao serviço que Maria demonstrou? Você é uma serva verdadeira de Jesus ou uma fã de Jesus? Explique a sua resposta.

5. O conflito entre Marta e Maria era um reflexo do conflito entre o amor ao próximo e o amor a si mesmo. Reflita sobre sua vida diária. Você se interessa mais pelas necessidades dos outros? De que modo você pode dar mais atenção às necessidades do próximo?
6. Por que existe a prioridade da adoração sobre o serviço? Como a adoração autêntica afeta sua atitude com relação ao serviço?
7. Você prefere fazer coisas para Jesus ou passar o tempo conhecendo a Jesus? Será que o seu cronograma diário confirma sua resposta? Sim ou não? Justifique.
8. Por que se prefere a fé às obras? Cite três coisas que você pode fazer para desenvolver sua fé e ajudá-la a crescer.
9. Que princípios de vida você aprendeu com o estudo sobre Marta e de Maria? Como você aplicará esses princípios?

CAPÍTULO 10 – MARIA MADALENA: LIBERTA DAS TREVAS

1. Maria Madalena teve um futuro sombrio. Jesus a tinha libertado da escravidão demoníaca. Do que você foi libertado ou do que você precisa ser libertado? Como sua vida mudaria por causa da sua libertação?
2. Qual é a diferença entre ser atormentado pelo sofrimento e escolher viver em rebelião pecaminosa? Em que aspectos você se rebela contra Deus?
3. Lucas e Marcos celebraram a bondade e a graça de Cristo para com Maria Madalena. Quando foi a última vez que você celebrou a bondade e a graça de Cristo pela sua vida? O que impede que você as celebre com mais frequência?
4. O amor de Maria Madalena por Jesus foi um resultado direto de sua fé autêntica nele. Será que você seria caracterizado de forma semelhante? Justifique.
5. É interessante que Maria Madalena tenha continuado a ser fiel a Jesus mesmo depois que os discípulos o abandonaram. Sua devoção a Cristo não dava lugar a concessões. Em que aspectos você é tentado a colocar a sua fé em risco? O que você pode fazer para evitar que isso aconteça?
6. Maria Madalena foi a primeira a chegar ao sepulcro de Jesus. Como a sua fé foi recompensada?
7. Leia João 20:16. Como Maria Madalena reconheceu Jesus? Se Jesus falasse com você, você reconheceria a voz dele? Justifique.

8. Jesus apareceu primeiro a Maria Madalena. Algumas pessoas podem dizer que sua fé era mais intensa porque ela tinha sido muito perdoada. Você ama a Deus na mesma proporção do perdão que recebeu? Justifique.
9. Que princípios de vida você aprendeu com o estudo sobre Maria Madalena? Como você aplicará esses princípios?

CAPÍTULO 11 – LÍDIA: A ABERTURA DE UM CORAÇÃO HOSPITALEIRO

1. Lídia era uma negociante que dedicou sua vida a Deus. Será que sua vida é dedicada mais a Deus do que a suas buscas pessoais? Explique a sua resposta.
2. Embora Lídia estivesse buscando a Deus, ela não o conhecia. Você é uma pessoa que busca a Deus ou uma pessoa que conhece a Deus? Explique o momento no qual você foi transformado.
3. Lídia é o exemplo clássico que as boas pessoas que não conhecem Jesus Cristo como Salvador passarão a eternidade separadas de Deus em um lugar chamado inferno. Você conhece alguma pessoa "boa"? Qual deve ser a sua atitude com relação a ela?
4. A graça aproxima as pessoas de Deus. Explique como você foi trazido para perto de Deus. Como Deus pode usá-lo para levar outras pessoas para si?
5. Quando Lídia foi transformada, não foi somente ela que foi influenciada. Quais são as pessoas da sua esfera de influência? O que você está fazendo para influenciá-las em favor de um relacionamento mais profundo com Deus?
6. Lídia se tornou conhecida pela sua hospitalidade — um dom espiritual. Qual dom espiritual se evidencia mais em sua vida? Para quais propósitos você está usando o seu dom?
7. Lídia aparentemente passou a ser uma leiga importante na igreja de Filipos. Qual é a sua função na igreja? Como Deus pode usá-lo por meio da sua igreja?
8. O que começou em Filipos influenciou o mundo todo. O que Deus pode estar iniciando no seu coração e na sua vida que influenciará as pessoas pelas gerações vindouras em lugares que você nunca viu?
9. Que princípios de vida você aprendeu com o estudo sobre Lídia? Como você aplicará esses princípios?

Este livro foi impresso pela Cruzado, em 2022, para
a Thomas Nelson Brasil. O papel do miolo é pólen
natural 80g/m², e o da capa é cartão 250g/m².